Otto Inhester
Ingrid Zimmermann

Ganzkörperwaschung in der Pflege

Anleitung und Hilfen für Pflegepersonal und pflegende Angehörige

Mit zahlreichen Übungen und Abbildungen

Mit einem Vorwort von
Professor Dr. med. Erich Grond, Hagen

schlütersche

Die Deutsche Bibliothek – CIP-Einheitsaufnahme

Inhester, Otto:
Ganzkörperwaschung in der Pflege: Anleitung und Hilfen für Pflegepersonal und pflegende Angehörige; mit zahlreichen Übungen und Abbildungen/Otto Inhester; Ingrid Zimmermann. Mit einem Vorw. von Erich Grond. – (Unveränd. Nachdr.). – Hannover: Schlütersche, 1996
ISBN 3-87706-327-6
NE: Zimmermann, Ingrid

Anschriften der Autoren:
Ingrid Zimmermann
und Otto Inhester
Harvester Str. 26
46286 Dorsten

Gesamtherstellung: Schlütersche Verlagsanstalt und Druckerei GmbH & Co., Hans-Böckler Allee 7, 30173 Hannover.

INHALTSVERZEICHNIS

Weiterführende Literatur:

BIENSTEIN, Chr., A. FRÖHLICH: Basale Stimulation, Hrsg.: Bundesverband für spastisch Gelähmte und andere Körperbehinderte. Brehmstraße 5–7, 4000 Düsseldorf 1

BIRKE, E. R.: Praktische Hauskrankenpflege, 9. Auflage. Schlütersche Verlagsanstalt und Druckerei, Hannover, 1990

HATCH, Fr., L. MAIETTA: Kinästhetik, Kohlhammer (in Vorbereitung)

GROND, E.: Die Pflege verwirrter alter Menschen. Lambertus Verlag. Freiburg, 1988

VORWORT

Die Ganzkörperwaschung in der Pflege dient gewöhnlich der Reinigung der Haut und gilt als Ableitung störender Körpersäfte und als symbolische Reinigung von inneren Konflikten.

Die Haut ist das erste und wichtigste Sozialorgan. Der Hautkontakt ersetzt zunächst die Nabelschnur. Die Haut dient ein Leben lang der taktilen Kommunikation. Die Art der Berührung drückt die Qualität der zwischenmenschlichen Beziehung aus.

Die Haut als unser größtes Sinnesorgan nimmt nicht nur Berührung mit Druck und Temperatur wahr, sondern auch rhythmische Bewegungen z. B. bei Einreibungen und vor allem wärmespendende Nähe und Geborgenheit in einer behutsamen Berührung.

Otto Inhester und Ingrid Zimmermann gelingt es in dem vorliegenden Werk, die Ganzkörperwaschung nicht nur in diesen psychosomatischen Zusammenhängen darzustellen. Sie zeigen auch die Bedeutung des Wassers auf und setzen sich kritisch mit Seifen auseinander.

Die Autoren erläutern die Ganzkörperwaschung als Möglichkeit intensiver Zuwendung. Bei Streichungen und Einreibungen betonen sie die Bedeutung von Rhythmus und harmonischen Gegensätzen. Sie begründen ihre Ausführungen auf den physiologischen Grundlagen der Reflexzonen und machen deutlich, wie die intensive Zuwendung als nonverbale Kommunikation die zwischenmenschliche Beziehung zwischen Pflegendem und Gepflegtem ausdrückt. Die intensive Zuwendung bei der Ganzkörperwaschung ermöglicht schließlich basale Stimulation, d. h., sie regt nicht nur die Hautdurchblutung an, sondern die Wahrnehmungsfähigkeit und fördert so den Gepflegten ganzheitlich körperlich, emotional und sozial.

Dieses Werk dürfte in keiner Ausbildung zur Alten- und Krankenpflege fehlen.

Hagen, im Mai 1990 PROF. DR. MED. ERICH GROND

Eigentlich ist alles anders

Neben alltäglichen Dingen,
ohne eigentlich zu bemerken,
wie alles zur Routine wird
und zur reinen Technik degradiert.

Ohne darüber nachzudenken, was wir versäumen,
wenn wir von mehr Zeit für die Pflege träumen,
lassen genügend unwichtige Dinge
keine Zeit für hilfreiches Tun.

Ohne zu wissen, wie schön es ist,
wenn jemand anwesend mit Leib und Seele ist,
muß jeder erst selber erfahren,
was vergessen wurde in langen Jahren.

Weil ich ein Mensch bin, wie du es bist,
weil ich fühle und brauche, was echte Zuwendung ist,
laß meine Seele nicht verkümmern!

Ohne gesund zu sein in meinem Innern,
ist mein Körper nicht krank geworden.
Ohne Hilfe, die beides erkennt,
weiter die Pflege hektisch an mir vorüberrennt.

Eigentlich ist meine Seele krank,
leidend auch mein Körper ist.
Ohne mich als Ganzes zu sehn,
wirst du meine Wünsche nicht verstehn.

Anders ist es nicht mit dir.
Du hilfst mir, ich helfe dir.
Meine Bedürfnisse hat jeder Mensch.
Alles liegt daran, ob du sie erkennst.

Ohne Erfahrungen zu machen, wie wichtig es ist,
wenn du jemanden berührst,
Liebe oder Abneigung spürst,
krankmachende Hektik dich verwirrt.
Mache für alle den Anfang jetzt!

Morgen haben auch andere erkannt,
das schönste Werkzeug in der Pflege ist deine Hand.
Ohne Gedanken, die liebevoll sind,
nur alles nach feststehenden Plänen zu tun,
läßt auch dich hoffentlich nie mehr ruhn,
liebevoll dich hinzuwenden.

Manche Zeit ersparst du dir,
meine Zufriedenheit schenkt sie dir.
Paß auf, alles geht leichter als du denkst,
weil du dir selber etwas schenkst.

INGRID ZIMMERMANN

1. *Sich selber waschen — und sich waschen lassen müssen: Ein Thema, das unter die Haut geht*

Solange wir in unserer Beweglichkeit frei und nicht eingeschränkt sind, stellt die Befriedigung unserer alltäglichen Bedürfnisse und Gewohnheiten kein besonderes Problem dar. Ob wir Nahrung zu uns nehmen, uns ankleiden oder Körperpflege betreiben, jederzeit können wir unseren Vorlieben und Eigenheiten gerecht werden. Bei der Morgentoilette können wir uns entscheiden, ob wir baden oder duschen wollen, können wählen, ob wir das Gesicht mit oder ohne Seife waschen, ob wir warmes oder kaltes Wasser nehmen, einen Waschlappen oder unsere Hände benutzen. Vor allem wissen wir, wo wir uns berühren wollen und wie es geschehen soll: sanft oder fest, streichend oder zirkulierend, intensiv oder nur flüchtig.

Beim Waschen geht es nicht nur darum, Schmutz, Schweiß und abgestorbene Hautzellen rein mechanisch zu entfernen, sondern auch um Streicheleinheiten, die wir uns selber gönnen. Dieser Aspekt wird dann besonders deutlich, wenn wir beim Waschen auf fremde Hilfe angewiesen sind. Jetzt, wenn nicht mehr jeder Handgriff sitzt, wenn die Berührungen in ihrem Rhythmus und ihrer Intensität nicht wie gewohnt verlaufen, merken wir, was uns fehlt.

Dies tritt um so dringlicher in unser Bewußtsein, da die Berührungen durch eine fremde Hand im allgemeinen einen stärkeren Reiz darstellt, als die Berührung durch die eigene Hand. Dieser stärkere Reiz kann besonders angenehm, aber auch als unangenehm empfunden werden.

Übung 1:

Bitte versuchen Sie das o. g. durch folgende Übungen selber zu erfahren. Legen oder setzen Sie sich bequem und entspannt hin und schließen Sie die Augen!

Streicheln Sie sich selbst über die Außen- und Innenseite ihres Armes, so lange, bis Sie sich Ihre Empfindungen gut eingeprägt haben (s. Abb. 1). Dann lassen Sie diese Übung von einem Partner wiederholen (s. Abb. 2).

Neben den Armen eignen sich besonders der Rücken und das Gesicht (Stirn), um diese Erfahrungen zu machen.

Haben Sie gespürt, welche Unterschiede in der Intensität zwischen Eigen- und Fremdberührung bestehen?

Übung 2:

Machen Sie nun die gleichen Übungen, und verfolgen Sie die Bewegungen mit den Augen! Spüren Sie, daß die Intensität der

Ganzkörper-
waschung
in der Pflege

Pflegeplan

schlütersche

Pflegeplan Gan

für: ....

Diagnosen: ....

I. Zeitpunkt

Wecken: .... Uhr Gewohnheiten: ....

Schlafen: .... Uhr Gewohnheiten: ....

III. Vorrangige Pflegeziele

Ganzwaschung = G
Teilwaschung = T

M	A	*(M = morgens, A = abends)*
☐	☐	1. Mobilisation/Rehabilitation
☐	☐	2. basale Stimulation/Orientierung
☐	☐	3. Entspannung/Schmerzlinderung
☐	☐	4. Hygiene/Inkontinenz
☐	☐	5. Fieber/Temperaturregulation
☐	☐	6. Hautpflege
☐	☐	7. ....

Hauttyp

☐ trocken

☐ normal

☐ fettig

Hautveränderungen: ....

....

Haare (letzte Haarwäsche): ....

Rasur (naß/trocken)/Gesichtspflege: ....

Fuß-/Fingernägel: ....

Zahn-/Mundpflege: ....

....

örperwaschung

☐ männlich ☐ weiblich Alter: ....

....

II. Waschen

☐ selbständig	☐ sitzend	☐ Waschbecken	☐ Waschschüssel (stellen)
☐ teilweise Hilfe	☐ im Bett	☐ Dusche	
☐ vollständige Hilfe	☐	☐ Bad (Teil/Voll)	

IV. Ablauf

Wassertemperatur:

Waschzusätze: ....

Mundpflege: ....

Sonstiges Material: ....

Aufwärmphase/Vorbereitung des Patienten: ....

....

Besonderheiten: ....

....

Ankleiden/Schlafanzug: ....

Fachbücher für Pflegeberufe

Henriette Feil-Peter
Stomapflege
Eine ausführliche Beschreibung der Pflege und Versorgung von Stomapatienten.
6. Auflage 1995, 164 Seiten, 186 Abbildungen, Format 14,8 x 21,0 cm, Hardcover, 49,– DM/382,– öS/50,50 sFr.
ISBN 3-87706-427-2

Angela Löser
Osteoporose
Vorsorge – Therapie – Pflege
Das Wissen um die Krankheit, die Prävention und die Pflege wird umfassend dargestellt. Dieses Fachbuch richtet sich speziell an Pflegepersonal im Bereich der Osteoporose.
1995, 232 Seiten, 100 Abbildungen, Format 14,8 x 21,0 cm, Hardcover, 58,– DM/453,– öS/60,– sFr.
ISBN 3-87706-380-2

Erich Grond
Pflege und Begleitung depressiver alter Menschen
Das Buch erläutert umfassend die multifaktoriellen Bedingungen depressiver Syndrome bei 60- bis 80jährigen.
1993, 120 Seiten, Format 14,8 x 21,0 cm, Hardcover, 39,80 DM/311,– öS/41,– sFr.
ISBN 3-87706-391-8

M. Helgard Brunen
Eva Elisabeth Herold
Ambulante Pflege
Die Pflege Gesunder und Kranker in der Gemeinde.
Bd. 1: Theoretische Grundlagen, kommunikative Methoden, Pflegeprozeß, ganzheitliche integrative Pflege.
1995, 406 Seiten, 144 Abbildungen, Format 17,3 x 24,5 cm, Hardcover, 89,– DM/694,– öS/91,– sFr.
ISBN 3-87706-412-4
Bd. 2: Krankheiten und ihre spezielle Pflege in den Gemeinden.
Erscheint 2. Halbjahr 1996, ca. 100,– DM/780,– öS/102,– sFr.
ISBN 3-87706-450-7
Bd. 3: In Vorbereitung,
erscheint 1997.
ISBN 3-87706-451-5

Brigitte Sachsenmaier
Unter Mitarbeit von
Reinhold Greitschuß
Inkontinenz Hilfen, Versorgung und Pflege
Im Mittelpunkt stehen die pflegerischen und psychosozialen Aspekte bei der Pflege Inkontinenter.
1991, 176 Seiten, 110 Abbildungen, davon 62 farbig, Format 14,8 x 21,0 cm, Hardcover, 49,80 DM/389,– öS/51,50 sFr.
ISBN 3-87706-329-2

schlütersche
Verlagsanstalt und Druckerei

Abb. 1

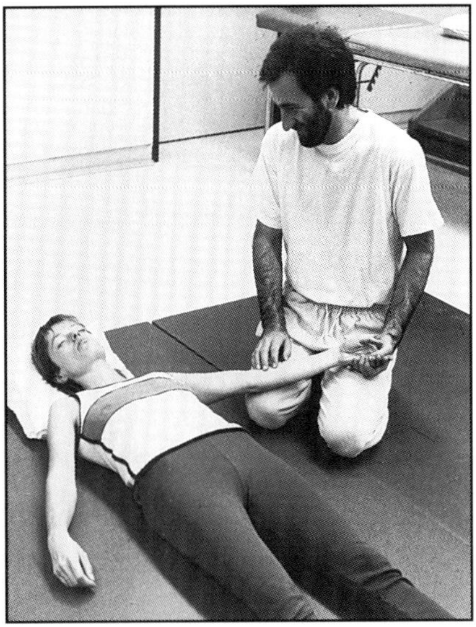

Abb. 2

Fremdberührung nachläßt, wenn sie den Hautkontakt mit Ihren Blicken verfolgen können?

Diese Übungen helfen Ihnen, Ihre innere Bereitschaft zu wecken, sich in die Bedürfnisse des Patienten beim Waschen einfühlen zu können. Sie werden sehr schnell erkennen, daß wir beim Waschen wie bei jeder anderen Berührung auch über die Haut in Kontakt treten.

Über unser größtes Sinnesorgan findet eine nonverbale Kommunikation zwischen Helfer und Patient statt. Die Einsicht in diese Zusammenhänge führt zum Verständnis dafür, daß bei der Körperwäsche noch andere Dinge stattfinden können als nur das Säubern der Haut (s. Abb. 3).

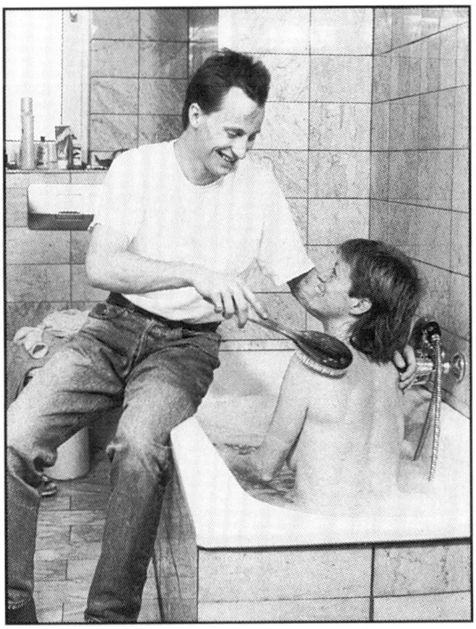

Abb. 3

2. *Waschen und Polieren in fünf Minuten?*

2.1. *Sauberkeit allein ist nicht genug!*

Wenn wir als nächstes bedenken, daß derjenige, der beim Waschen auf unsere Hilfe angewiesen ist, auf Grund seiner Situation (z. B. Bettlägerigkeit) und den Ursachen, die zu dieser Situation geführt haben (Schwäche, Krankheit, Behinderung), neue und zusätzliche Bedürfnisse entwickelt hat, so wird deutlich, daß die Ansprüche an die Körperpflege und unsere Hilfestellungen wachsen.
Neben Sauberkeit und Hygiene müssen wir das allgemeine Wohlbefinden durch Entspannung und Stimulation fördern. Die Ganzkörperwaschung bietet hier eine ideale Möglichkeit, wenn wir ein harmonisches Maß finden:
Durch Streichungen und andere Reize können wir die Atmung stimulieren und einer Lungenentzündung vorbeugen, wir können den Blut- und Lymphkreislauf sowie die Verdauung unterstützen, Wachheit oder Schlaf fördern, Schmerzen lindern und trösten.
Die Haut ist eine Reflexionsfläche der inneren Organe und Psyche, wie es umgangssprachlich zum Ausdruck kommt:
nicht aus unserer Haut heraus können, ein dickes Fell haben, etwas geht unter die Haut, vor Scham rot oder blaß vor Schreck werden, schwitzen vor Angst oder Aufregung, die Haare können sich vor Entsetzen sträuben,

Abb. 4

oder wir bekommen eine Gänsehaut. Es wird verständlich, daß Streicheln der Haut auch Liebkosungen für die Seele sein können. Wir erleben unsere Haut als äußere Grenze und als Ausdrucksorgan. Sie ist ein Tor, das sich nach zwei Seiten, nach innen und außen, öffnen läßt.
Störungen der Organfunktionen werden z. B. als Schmerzen oder Hautveränderungen nach außen projiziert, jede äußere Reizung nach innen geleitet (s. Abb. 5).

Die Verbindungswege sind vielfältig:

- über zahlreiche Blutgefäße ist die Haut an das Herz-Kreislauf-System angeschlossen
- zusammen mit der Größe der Oberfläche ergibt sich eine enge Verbindung mit dem Wärmehaushalt
- zahlreiche Nervenendigungen für die verschiedenen Sinneseindrücke ermöglichen den Zugang zu den verschiedenen Anteilen des Nervensystems
- nicht zuletzt gibt es viele Hinweise dafür (Akupunktur, Reflexologie), daß die Haut ›Energieströme‹ verteilt.

Da beim Waschen all diese Wege in unterschiedlichem Maße angesprochen werden, müssen wir von sehr komplexen Wirkungen und Wechselwirkungen ausgehen.
Um diesen Zusammenhängen beim praktischen Vorgehen auch gerecht zu werden, orientieren wir uns an naturheilkundlichen Erfahrungen, wie z. B. den Streichungen der chinesischen Massagetechniken (YIN- und YANG-Striche), an den Grundlagen der basalen Stimulation und an dem Verlauf von Blut-, Lymphgefäßen und des Darmes.

Headsche Zonen

Die dunkelgrauen Zonen zeigen 4 Beispiele für die Projektion von Organerkrankungen auf die Haut, die mit erhöhter Schmerzempfindlichkeit oder mit Schmerzhaftigkeit reagiert:

1 Projektionsfläche des Herzens
2 Projektionsfläche des Magens
3 Projektionsfläche der Leber/Gallenblase
4 Projektionsfläche des Dünndarms

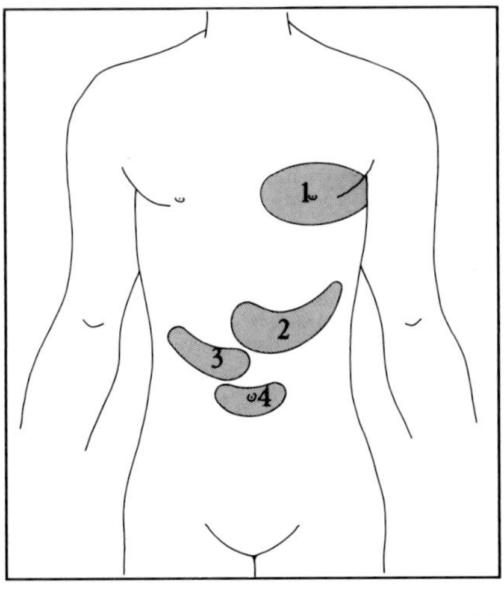

Abb. 5

2.2. *YIN und YANG: Harmonie der Gegensätze*

Den YIN- und YANG-Streichungen liegt die Auffassung von Polarität zugrunde, die sich in allen natürlichen Erscheinungsformen des Lebens zeigt. Befinden sich die Gegensätze im Gleichgewicht, entsteht Harmonie.
Das Symbol für die Harmonie ist ein Kreis, in dem YIN und YANG, symbolisiert durch Schwarz und Weiß, im ausgeglichenen Verhältnis enthalten sind.
Schwarz und Weiß kann oben und unten bedeuten, fest oder weich, schnell und langsam, innen oder außen, Anspannung und Entspannung, auf- oder absteigende Energie. Werden diese Gegensatzpaare in eine Einheit gebracht, so ergibt sich der Kreis als Ausdruck einer in sich geschlossenen Gestalt.
Spannen wir z. B. den Bizeps an, um den Arm zu beugen, muß sich gleichzeitig der Streckmuskel (Trizeps) entspannen. Erfolgt dieser Wechsel von An- und Entspannung nicht in vollkommener Weise, so kann keine harmonische Bewegung stattfinden. Die in die Bewegung investierte Energie findet keinen ihr gemäßen Ausdruck. Es kommt zum Energiestau, der sich in Verspannungen und Schmerzen äußert.
Beim Waschen unterstützen die rhythmischen Streichungen den Fluß der auf- und absteigenden Energien.
Die Bewegungen folgen der Figur des Kreises, der einzelne Körperteile umfaßt oder aber auch den ganzen Körper einschließen kann.

Abb. 6

Übung 3:

Legen Sie sich mit leicht gegrätschten Beinen entspannt auf den Rücken. Ein Partner vollzieht mehrmals den Ablauf der Streichungen nach dem YIN-YANG-Prinzip, in die Unterschenkel und Füße einbezogen werden. Mit beiden Händen wird gleichzeitig von den Knien ausgehend an den Außenseiten der Unterschenkel bis zu den Fußspitzen gestrichen, an den Innenseiten der Füße und Unterschenkel zurück zum Knie (s. Abb. 7). Dieser Kreislauf wird dreimal wiederholt.
Wie fühlt sich diese »runde« Bewegung an?

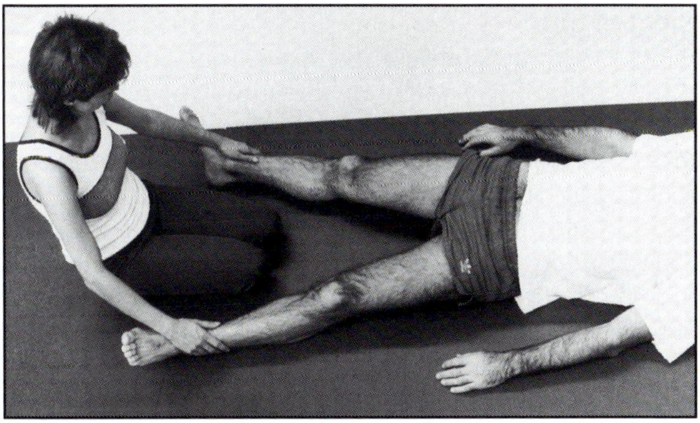

Abb. 7

2.3. *Die Bedeutung des Rhythmus: Ein Leben wie die Uhr — aber nicht nach der Uhr!*

Sehr viele Lebensäußerungen sind rhythmischer Natur: Ein- und Ausatmung, Systole und Diastole, Schlafen und Wachen, Fröhlichkeit oder Traurigsein usw. So ist der Rhythmus lebendiger Ausdruck der Bemühungen des Organismus, die Gegensetzlichkeiten in eine Harmonie zu bringen. Man kann umgekehrt davon sprechen, daß Leben nur als Rhythmus, als Erhalten und Streben nach Einheit möglich ist. So erfahren wir als Harmonie nicht das, was ewig gleichbleibend, unveränderlich auf uns wirkt, sondern alles das, was in einem bestimmten Rhythmus erfolgt. Wird dieser Rhythmus gestört, so wird auch die in diesem Rhythmus liegende Harmonie gestört. Es kommt zu Disharmonien, zu Unwohlsein, zu Krankheiten.

Physikalisch könnte der Rhythmus mit Schwingungen verglichen werden. Schwingungen (Wellen) sind eine Erscheinungsform der Energie. Damit Energie aber wirksam werden, d. h. fließen kann, ist ein Energiegefälle nötig.

Bei Berührung der Haut, wie z. B. bei der Körperwaschung, werden Energien angeregt und zum Fließen gebracht. Die Energien treten in verschiedenen Qualitäten in Erscheinung und nehmen ihren Weg in beide Richtungen, zum Patienten und zum Helfer.

Sind wir als Helfer ruhig, ausgewogen und bereit, mit unserer inneren Einstellung die Pflegehandlung zu unterstützen, so werden auch unsere Berührungen ruhig, gleichmäßig und harmonisch und können die gleiche Wirkung beim Patienten entfalten.

Bin ich nervös und hektisch, drücken meine Bewegungen auch meine innere Unruhe aus, die der Patient spürt. Umgekehrt kann ich sogar,

wenn ich mir fest vornehme, den Patienten harmonisch zu waschen, mich selber beruhigen, indem der Rhythmus auf mich selber zurückwirkt.
Wir waschen also mit dem Bewußtsein, daß wir durch die Erzeugung eines äußeren Rhythmus auch innere Prozesse körperlicher, geistiger und seelischer Art beeinflussen können. Langsam oder schnell, fest oder sanft, warm oder kalt, Kopf oder Füße; die Kunst der Körperwaschung liegt darin, den individuellen Rhythmus herauszufinden. Nicht jeder Rhythmus ist für jeden gleich angenehm, kann sich beim einzelnen, entsprechend seiner Situation, auch ständig verändern.
Indem wir uns bemühen, diesen Rhythmus herauszufinden, teilen wir dem anderen mit, daß uns an ihm als Mensch etwas liegt. Er ist nicht nur ein Patient, der wie am Fließband in fünf Minuten gewaschen und poliert sein muß.

2.4. *Basale Stimulation: Der Wecker für die Lebensgeister*

Die Notwendigkeit und umfassende Bedeutung von Hautkontakten wird auch durch folgendes Experiment verdeutlicht: Freiwillige, gesunde Vesuchspersonen wurden, vollständig in Watte verpackt, in einen schalldichten, dunklen Raum geführt. Dort mußten sie ohne jeden Kontakt mehrere Tage zubringen. Bei vielen Versuchspersonen stellten sich bereits nach einem Tag Sinnestäuschungen, Halluzinationen und starke innere Unruhe ein.
Wie sehr ist diese Situation mit einem bettlägerigen Menschen vergleichbar, der warm und weich eingepackt mehrere Tage ohne belebende äußere Reize bleiben muß. Um die Harmonie herzustellen, ersetzt der Körper die fehlende äußere Ansprache durch innere Reize. Die Folge sind Verwirrtheit, depressive Verstimmungen und Apathie.
Gerade weil die Haut die äußere Grenze ist, die uns ja nicht abschottet wie eine Mauer, sonden uns mit anderen Menschen in Kontakt treten läßt, muß diese Grenze erfahrbar, d. h. sinnlich spürbar werden, damit wir wissen, wer wir sind.
Eine Form, die auf Grund der Bettlägerigkeit fehlenden Reize zu ersetzen, ist die basale Stimulation. Indem der Patient seine Haut als Grenze seines Körpers erfährt, bewahrt er seine Ich-Identität.
Beim Waschen helfen Berührung, Druck, Reibung, Kälte, Wärme und der Geruch des Waschzusatzes dem Patienten, sein Körperschema wieder zu entdecken.
In besonders hohem Maße gilt dies bei sensorischen Entbehrungen auf Grund von Behinderungen wie Seh- und Hörschwächen, bei denen wir

durch Waschungen, Einreibungen oder Streichungen den Mangel über die Haut ausgleichen können.
Der Rücken, der für uns nicht sichtbar ist, wird durch das lange Liegen für Druckreize unempfindlich. Er wird leicht aus dem Bewußtsein gestrichen, und nur noch schmerzende, durchgelegene Stellen treten als unangenehme, störende Reize in unser Bewußtsein. Dieses unterstützt eine verstärkte Abwendung des Patienten, um Schmerz zu vermeiden. Abwendung aber bewirkt immer eine Minderdurchblutung und somit eine Verschlechterung des Zustandes. Sanfte und zärtliche Reize hingegen erleichtern dem Patienten die Zuwendung, d. h. die Integration seines Rückens in sein Körperschema. Verbesserte Durchblutung, Stoffwechselanregung und Abtransport von Schlackstoffen steigern die Vitalität des entsprechenden Gebietes.

Übung 4:

Legen Sie sich entspannt auf den Bauch oder auf die Seite. Lassen Sie sich von einem Partner nach dem YIN-YANG-Prinzip den unbekleideten Rücken streicheln (s. Abb. 8).
Begonnen wird mit beiden Händen, die, vom Kreuzbein ausgehend, langsam die Wirbelsäule hochstreichen, über die Schultern fahren, an den Außenseiten des Brustkorbes, der Lenden und des Beckens wieder zum Kreuzbein zurückkehren und so den Kreis schließen. Dieser Bewegungsablauf wird dreimal wiederholt und endet am Nacken.
Merken Sie, wie sich Ihre Empfindungen für Ihren Rücken und Ihre Atmung verändern?

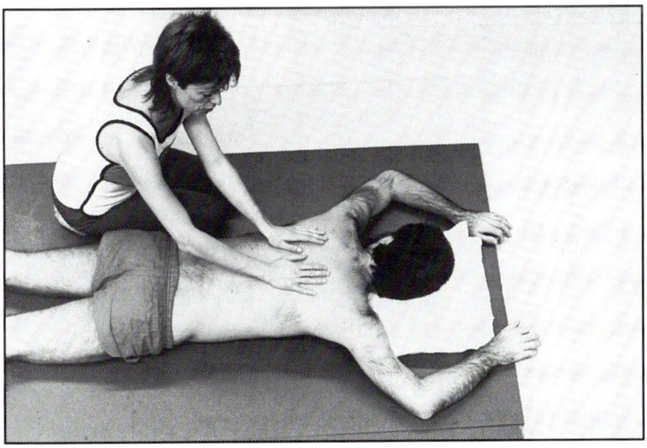

Abb. 8

Übung 5:

Wiederholen Sie Übung 4 mit Massageöl oder Körperlotion, einer weichen Bürste oder einem nassen Waschhandschuh. Bei Waschlappen und Bürste kann der Bewegungsablauf abwechselnd mit einer Hand auf der rechten und der linken Seite des Rückens erfolgen (s. Abb. 9).
Falls das wechselseitige Vorgehen als unharmonisch empfunden wird, benutzen Sie doch einfach zwei Waschhandschuhe.
Finden Sie heraus, welche der verschiedenen Möglichkeiten die für Sie angenehmsten Empfindungen hervorgerufen haben.

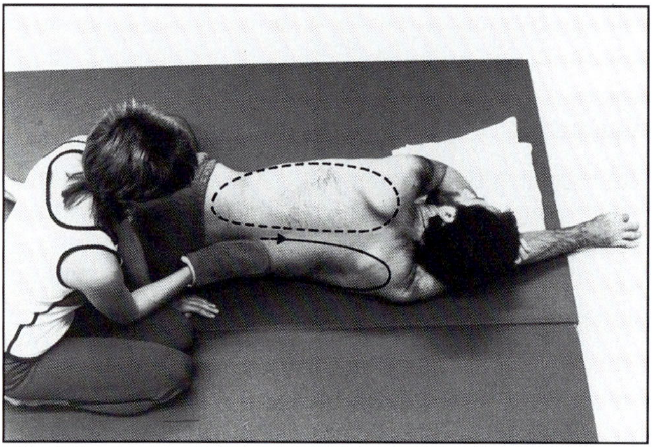

Abb. 9

2.5. *Venen und Lymphgefäße: Alles kehrt zum Herzen zurück*

An vielen Stellen der Körperoberfläche lassen sich die unter der Hautoberfläche liegenden Gefäße und Hohlorgane durch die Weiterleitung des mechanischen Drucks beeinflussen. Dies sind vor allem die Venen und Lymphgefäße, die sich an der Innenseite von Armen, Beinen und in der Mitte des Rumpfes befinden (s. Abb. 10).
Durch Streichungen in Richtung Herz oder Körperstamm können wir den Rückfluß des Blutes unterstützen. Die dadurch erreichte bessere Füllung des Herzens wirkt sich positiv auf die Blutversorgung des Körpers aus.
Die Lymphgefäße dienen dem »Abfalltransport« von im Gewebe liegengebliebenen Stoffwechselprodukten. Die Flußrichtung stimmt an den Extremitäten mit der der Venen weitgehend überein.

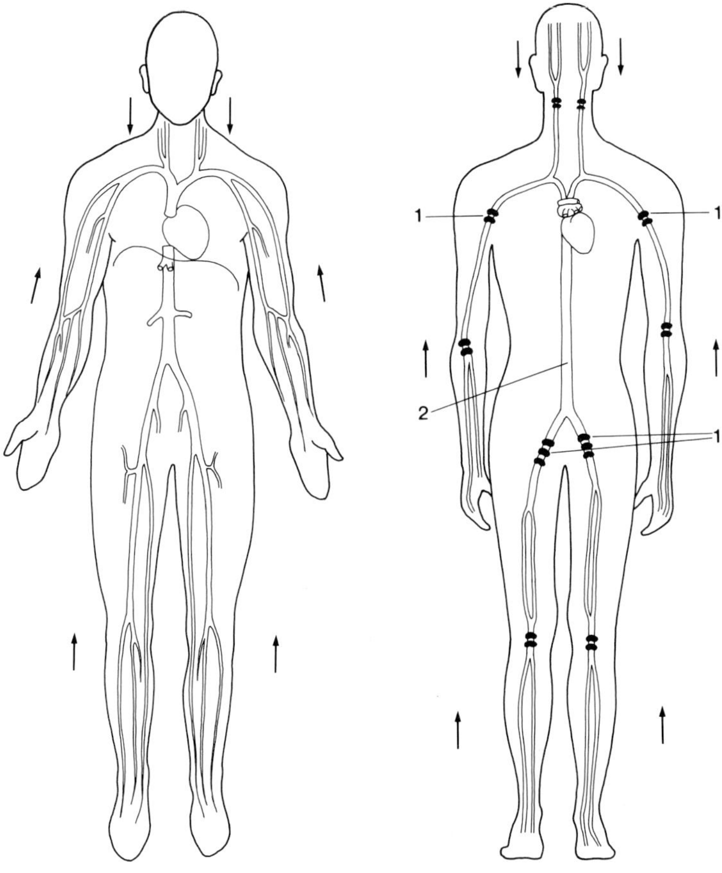

Venen

Lymphgefäße
1 = Lymphknoten
2 = Milchbrustgang

Abb. 10

2.6. *Darm und Blase: Abgeben und nicht festhalten*

Beim Bauch läßt sich durch massierendes Streichen im physiologischen Verlauf des Dickdarms der Transport von Darminhalt unterstützen (s. Abb. 11 u. 12). Hier läßt sich der Zusammenhang von äußerer und innerer Reinigung im doppelten Sinn zeigen:

- Wir unterstützen den Organismus, sich der Reste der unverdaulichen Nahrung zu entledigen.
- Dünn- und Dickdarm sind aber auch Regionen, wo oft die Reste »unverdauter seelischer Probleme« abgeladen werden. Verstopfung oder Durchfall sind als Begleiterscheinung stark gefühlsbetonter Prozesse bekannt.

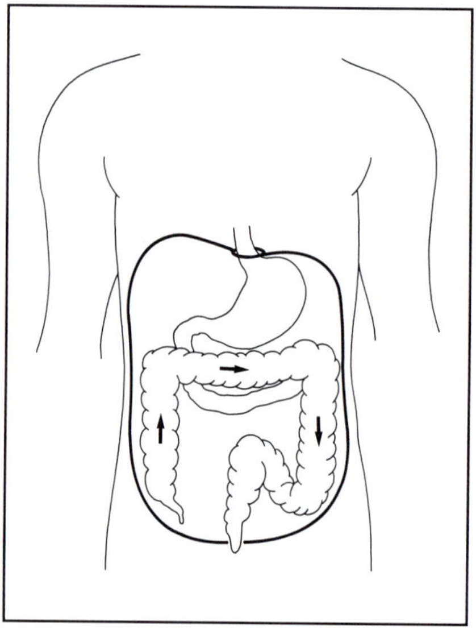

Abb. 11

Bei kranken und alten Menschen können die seelischen Ängste, die sich auf diese Weise offenbaren, stark zunehmen. Besonders wenn die Situation im Altenheim oder Krankenhaus als bedrohlich empfunden wird.
Die kreisenden, sanften Bewegungen unserer Hand über den Bauch des Patienten beruhigen und wirken angstreduzierend, entspannend und krampflösend. So erleichtert die liebevolle äußere Zuwendung die »Verdauung« der Probleme im Inneren.
Bei den kreisenden Streichungen über den Bereichen des Dünn- und Dickdarms wird auch die Blase mit angesprochen. Wir wissen aus

eigenem Erleben, daß Urindrang häufig mit außergewöhnlich belastenden Situationen in Zusammenhang steht. Ängste vor unbekannter Umgebung oder ungewissen Ereignissen können auch ohne Krankheit der Blase Störungen hervorrufen.
Auch hier wirken unsere warmen Hände und die kreisenden Bewegungen harmonisierend und beruhigend auf die Blasentätigkeit.

Übung 6:

Legen Sie sich entspannt mit angestellten Beinen auf den Rücken und lassen Sie sich von Ihrem Partner kreisend, mit sanftem Druck den Bauch in einem Ihnen angenehmen Rhythmus massieren.
Nach 6 bis 7 Malen lassen Sie die Bewegungen langsam ausklingen und spüren der Wirkung in Ihrem Bauch nach.

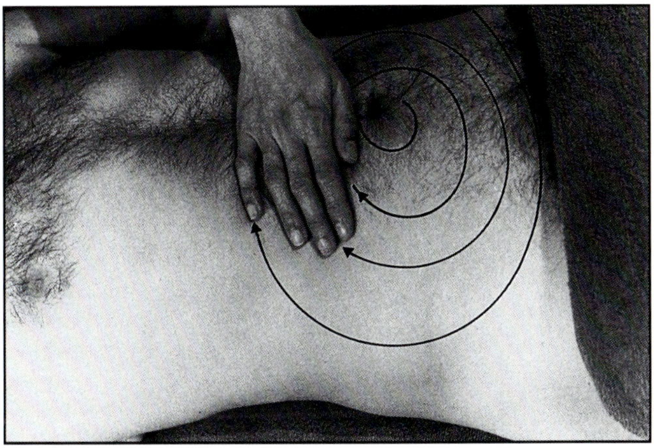

Abb. 12

Am Anfang war alles anders

Alles ist über die Haut zu erfahren.
Weil sie viel gespürt hat in langen Jahren
macht sie aufmerksam auf viele Dinge.

Kinder werden über die Haut geliebt,
als jemand, der uns viel Freude gibt.
Wir erfahren Sinnlichkeit und Wärme.

Durch manche Liebesbeziehung
machen wir wunderbare Erfahrungen über die Haut,
wenn der eine dem anderen völlig vertraut.

Im Alter wächst die Erkenntnis heran,
daß alles einmal sehr schön begann.
Aber wo ist jetzt die Liebe geblieben?

Mit Einsamkeit müssen wir fertig werden.
Morgen schon kann es notwendig sein,
daß wir die Hilfe anderer Menschen brauchen.

Altenheim und Krankenhaus
zeichnen oft das Leben im Alter aus.
Ohne Liebe beginnt die Haut zu welken.

Als Ausdruck von Trauer und Einsamkeit,
weil der stolze Alte nur im Verborgenen weint,
zeigt die Haut sich ausgetrocknet und rissig.

Manche werden im Alter auch bissig.
Mit Nörgeln und Jammern ist nichts erreicht,
weil sich dadurch nur selten ein Herz erweicht.

Ohne Verstehen von uns, daß sich im Alter alles ändert,
mit Herz und Liebe sich nur etwas verändert,
sollten wir uns liebevoll langsam besinnen:

Alles geht langsamer als am Anfang.
Keine Eile treibt uns durch den Tag,
weil man sich nicht schnell zu bewegen vermag.

Besinnlichkeit ist angesagt,
weil dic Jugend uns nach dem Leben fragt,
müssen wir alles wohl überdenken,
dann haben wir Weisheit zu verschenken.

Ohne die Haut als Grenze zum Schutze,
liebevoll als Tor geöffnet,
mit Freude zu nutzen.
Mit Beweisen der Liebe sanft gestrichen.

Nicht rauh und spröde ist dann die Haut,
weil jetzt jemand nach innen schaut.
Eine Haut, die geliebt wird, ist glatt und weich.

Plötzlich jedoch ist sie kühl und bleich.
Wenn sie geliebt wurde, bleibt sie unvergessen.
Nie habe ich im Leben Schöneres besessen.

INGRID ZIMMERMANN

3. *Anatomie und Physiologie der Haut*

Zum Verständnis der weiteren Überlegungen, aber vor allem, damit Sie selber eigene, neue Erfahrungen machen können, ist es nützlich, noch einen Moment bei der Anatomie und Physiologie der Haut zu verweilen. Im Querschnitt der Haut lassen sich grob drei Schichten unterscheiden (s. Abb. 13). Diese sind von außen nach innen:

- Oberhaut (Epidermis)
- Lederhaut (Corium)
- Unterhaut (Subcutis)

Im Zusammenhang mit Waschung und Pflege ist es sinnvoll, noch eine vierte, äußerste Schicht anzusprechen: den Säureschutzmantel.

3.1. *Der Säureschutzmantel: Die Haut der Haut*

So wie die Haut ein Schutzorgan für den Organismus darstellt, stellt der Säureschutzmantel einen Schutz für die Haut selbst dar. Und da wir beim

Abb. 13

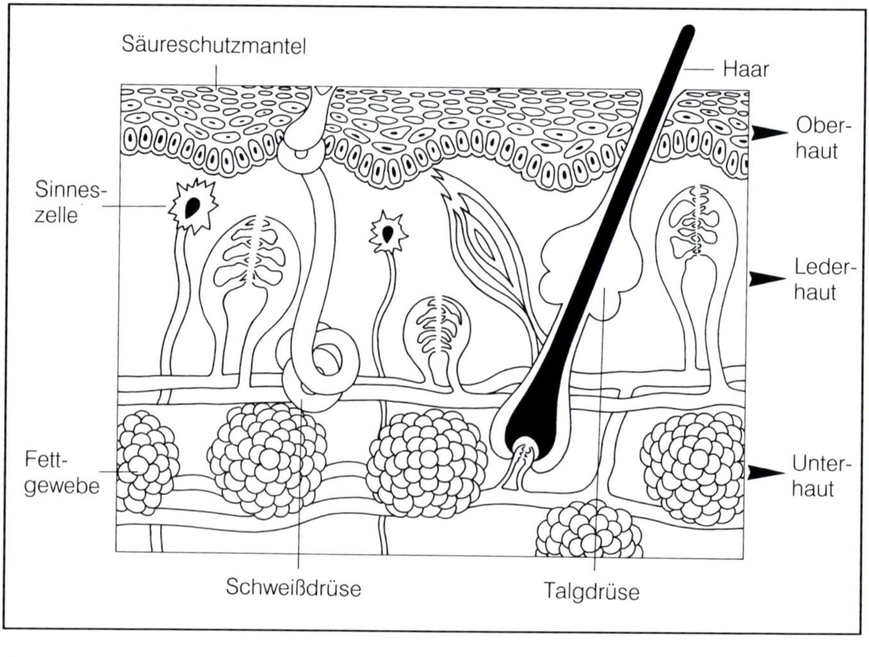

Waschen mit Wasser und Seife diese Schicht beeinflussen, sehen wir uns zunächst ihren Aufbau und ihr biologisches Verhalten an.
Der Säureschutzmantel, der Haut und Schleimhäute wie ein Schutzfilm umgibt, besteht überwiegend aus den Ausscheidungen der Schweiß- und Talgdrüsen. Sie bilden ein Fett-Wasser-Gemisch, das zusammen mit zahlreichen anderen Ausscheidungsstoffen wie Zucker, Eiweiß und Salzen die Nahrungsgrundlage für Bakterien und Pilze bietet, welche die Haut bewohnen. Die Stoffwechsel- und Ausscheidungsprodukte dieser Mikroorganismen werden wiederum Bestandteil des Säureschutzmantels und regulieren das Gleichgewicht der Besiedlung.
Daraus ergibt sich ein ökologisches Gleichgewicht, das durch unsachgemäße und vor allem übertriebene Hygiene gestört werden kann.
Von den verschiedenen Funktionen des Säureschutzmantels seien folgende besonders hervorgehoben:

a) Er dient als Feuchtigkeitsspeicher der Epidermis. Das Fett-Wasser-Gemisch reguliert den Feuchtigkeitsgehalt des äußeren, aus abgestorbenen, verhornten Zellen bestehenden Zellverbandes. Ist der Fettanteil zu gering, wird die Haut rauh, spröde und anfällig für Verletzungen.

b) Dieser Hautfilm schützt die Epidermis vor dem Eindringen von Wasser, welches die abgestorbenen Hornzellen zum Aufquellen bringen und den Zellverband sprengen würde (Waschfrauenhände).

c) Der Säureschutzmantel hat einen durchschnittlichen pH-Wert von 5,5 und stellt einen Puffer dar, der chemische Reize in begrenztem Maße neutralisieren kann.

An Hautfalten, wie z. B. den Achselhöhlen, der Leistenbeuge oder unter der weiblichen Brust, finden sich häufig entzündliche Veränderungen. Ursache ist nicht mangelndes Waschen, sondern eine ungenügende Verdunstung von Schweiß. Da hier Haut auf Haut zu liegen kommt, entstehen warme feuchte Kammern, die das Bakterienwachstum fördern. Die durch die angestaute Feuchtigkeit aufgequollene Epidermis verliert ihre Widerstandsfähigkeit, und die Entzündung entwickelt sich.
Mildes, seifenfreies Waschen, sorgfältiges, sanftes Abtrocknen und das Einlegen von Mull-, Leinen- oder Frotteetüchern schaffen Abhilfe.

3.2. *Die Haut als Sinnesorgan*

Die Haut ist unser größtes Sinnesorgan und enthält Nervenendigungen (Rezeptoren) für die Wahrnehmung der von außen kommenden Reize:

- Druck
- Berührungen
- Wärme
- Kälte

Zum Teil in, zumeist aber in den der Haut unmittelbar angrenzenden Geweben (Muskeln, Gelenke) finden sich Rezeptoren, die Reize aus dem Körperinneren aufnehmen. Diese informieren über die Stellung von Armen und Beinen in bezug auf den Körper (Tiefensensibilität) und werden beim Waschen auf Grund der mechanischen Einwirkung ebenfalls angesprochen (siehe Kapitel 3.4.)

Schließlich gibt es noch indirekte Verbindungen zwischen den sensiblen, von den inneren Organen zum Rückenmark ziehenden Nervenbahnen und den Hautnerven. Dies führt dazu, daß Erkrankungen der inneren Organe auf die Haut projiziert werden (s. Abb. 5 Seite 11) und dort als Schmerzen oder erhöhte Schmerzempfindlichkeit in Erscheinung treten.

Da die oben beschriebenen nervösen Strukturen über verschiedene Zwischenstationen mit dem Großhirn in Verbindung stehen, treten alle Wahrnehmungen mehr oder weniger deutlich in unser Bewußtsein.

Neben dieser spezifischen Sinnesfunktion tritt beim Berühren und Waschen noch eine unspezifische, für unser Thema wichtige Funktion hinzu: Ein großer Teil der Rezeptoren ist auch mit jenen Teilen des Gehirns verbunden, die unseren Schlaf-Wach-Rhythmus regulieren, unsere Stimmungen und Gefühle und das vegetative Nervensystem beeinflussen. So ist zum Teil zu erklären, daß wir beim Waschen und Massieren nicht nur Berührungen wahrnehmen, sondern diese auch als angenehm oder unangenehm empfinden, wir uns entspannen oder erregen können, das Herz langsamer oder schneller schlägt und der Blutdruck steigt oder sinkt.

Die Wirkung läßt sich nicht sicher voraussagen und ist von der jeweiligen Situation des Patienten, u. a. von seiner Beziehung zum Pflegenden, abhängig.

Eine besondere Sinnesqualität der Haut ist der Juckreiz, ein dem Schmerz verwandtes Körpersignal. Der im Alter oft quälend, chronisch auftretende Juckreiz macht darauf aufmerksam, daß auch der alternde Mensch ausreichend Hautkontakt braucht, um leben zu können.

Fehlt dieser, wird der Mensch gezwungen, sich das Fehlende durch Kratzen selbst zu geben. Oft ist dieser Zwang so stark, daß die Haut als Grenze verlezt wird und blutet: ein nicht zu übersehender Hinweis auf den inneren Mangel an basaler Stimulation.

Darum sollte Jucken nur kurzzeitig mit Medikamenten oder Pudern behandelt werden. (Eher ist an allergische Nebenwirkungen von Medikamenten zu denken.) Pillen helfen nur vorübergehend und lenken von der Ursache ab: fehlender Zuwendung. Leidet ein Patient unter chronischem Juckreiz, sollten wir uns am »Kopf kratzen« und fragen:

– Mußte der Patient besonders lange auf äußere Reize verzichten?
– Oder zieht er sich vor einer Reizüberflutung zurück, da die gegebene Zuwendung nicht seinen Bedürfnissen entspricht?
– Durchbricht die Seele die äußere Grenze, um durch die Haut sichtbar zu machen, daß »Reizvolles« fehlt?

Der chronische Juckreiz geht oft Hand in Hand mit einer trockenen, rissigen und leicht verletzbaren Haut einher. Auch dieses kann als ein Zeichen der Sehnsucht nach menschlicher Wärme und Zuwendung verstanden werden. Sie ist Zeichen einer gestörten Bilanz von Geben und Nehmen, von Zu- und Ausfuhr. Im Gesicht, an den Händen und den Füßen ist am häufigsten trockene Haut zu finden.

– Im Gesicht, weil wir mit unseren Sinnesorganen die Umwelt erfahren und die fehlenden äußeren Reize auf die Gesichtshaut projiziert werden.
– An den Händen, weil sie unsere äußeren Organe des Gebens und Nehmens sind.
– An den Füßen, weil wir uns mit ihnen durch das Leben bewegen, still stehen oder manchmal auch rückwärts gehen. Hier sind besonders die Fersen betroffen. In der Reflexologie wird die Ferse dem Becken und dem Unterbauch zugeordnet, den Orten verdrängter Probleme und Ängste (s. Abb. 14).

Salben, Cremes oder Ölbäder können in diesem Fall die Haut äußerlich unterstützen. Innerlich verwandeln sich Rhythmus und Harmonie der Einreibung in Balsam für die Seele.

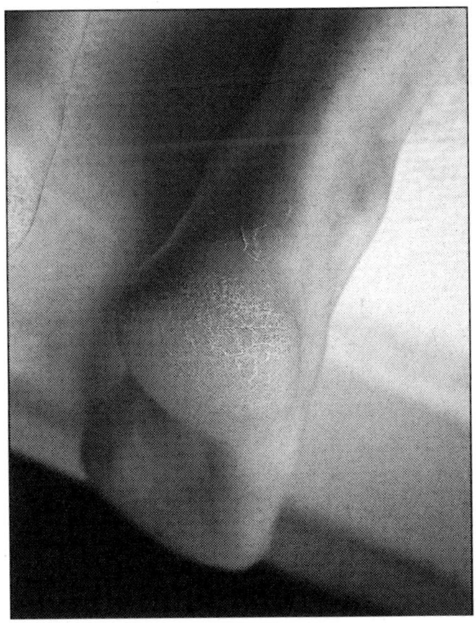

Abb. 14

3.3. *Die Haut in der Wärmeregulation: Die tägliche Klimakur*

Die Haut ist nicht nur Sinnesorgan für Wärme und Kälte, sondern auch maßgeblich an der Temperaturregulation des Organismus beteiligt.
Die Hautdurchblutung kann in weiten Grenzen variiert werden, so daß die Abgabe der über den Blutstrom aus dem Körperinneren herangeführten Wärme ständig den aktuellen Bedürfnissen angepaßt werden kann:

- erhöhte Wärmeabgabe bei starker Hautdurchblutung (z. B. Fieberröte),
- verringerte Wärmeabgabe bei Drosselung (blasse Haut).

Die »richtige« Temperatur ist eine der wichtigsten Voraussetzungen für das Erleben von Wohlbefinden. Richtig bedeutet aber nicht eine gleichbleibende, »optimale«, sondern eine der jeweiligen Reaktionslage des Organismus angepaßte Temperatur.
Diese kann aber nur in Grenzen durch die Umgebung vorgegeben werden. Im wesentlichen stellt sich die als angenehm empfundene Temperatur auf Grund der Anpassungs- und Regulationsleistung des Organismus selbständig ein.
Im Falle längerer Bettlägerigkeit ist diese Anpassungsfähigkeit verkümmert, da sie nicht mehr ständig gefordert wird. Deshalb ist es ein wichtiges Ziel der Pflege, die Anpassungsfähigkeit des Organismus zu trainieren.
Dies geschieht am besten durch Temperaturreize, die wir mit dem Waschwasser vermitteln können (siehe auch Wassertemperatur). Wärme, Kälte oder wechselnde Temperaturen sind Bestandteil der basalen Stimulation, da außer den Gefäßreaktionen auch zentralnervöse Strukturen angesprochen werden.
Das Vermeiden von Reizen schläfert Körper und Geist ein. Gesundheit und Wohlbefinden sind keine statischen Zustände, sondern das Ergebnis der Auseinandersetzung der Person mit ihrem Innenleben und der Umwelt.
Die Kunst des Pflegens, die Schwierigkeit beim Waschen liegt eben darin, den Menschen über viele Sinne anzusprechen, ihn über viele Kanäle herauszufordern und ihm gleichzeitig Unterstützung bei der Bewältigung dieser Herausforderung anzubieten.

4. *Unsere Hilfsmittel: Nicht Quantität, sondern Qualität*

4.1. *Wasser ist nicht nur zum Waschen da. Der Jungbrunnen für Geist und Vitalität: TRINKEN!*

Die Bedeutung des Wassers für das menschliche Leben ist allein aus seiner universellen Verbreitung ersichtlich sowie aus der Tatsache, daß alles Leben aus dem Wasser kommt und der Organismus selbst zum größten Teil (70 Prozent) aus Wasser besteht. Der Kontakt mit Wasser ist ein Urbedürfnis des Menschen, um Wohlbefinden zu erlangen. Jeder, der Kinder am Strand oder in einer Pfütze herumtollen sieht, kann dies nachvollziehen.
Ist es nicht ein herrliches Gefühl, wenn wir beim Schwimmen von Wellen umspielt werden?
Alles Leben auf der Erde braucht Wasser, aber nicht nur von innen, sondern auch von außen. Und da inneres Geschehen auf die Haut projiziert wird, kann der Mensch Waschen oder Baden auch als Reinigung seiner Seele von Belastungen und Sorgen erleben. Dieses kommt in den seit allen Zeiten und in allen Religionen bekannten rituellen Waschungen zum Ausdruck.
Patienten, die auf unsere Hilfe beim Waschen angewiesen sind, sind oft nicht mehr in der Lage, selbständig für eine ausreichende Flüssigkeitszufuhr zu sorgen. Die fehlende Ansprache dämpft die im Alter ohnehin schlecht ausgeprägte Durstwahrnehmung. So wie die fehlenden Gefühle und Gedanken von außen nicht mehr zufließen und die Seele austrocknen, so führt mangelndes Trinken zu zerebralen Störungen (z. B. Verwirrtheit). Diese zerebralen Störungen fördern das Fehlen der Durstwahrnehmung, ein sich selbst verstärkender Kreislauf nimmt seinen Anfang.

Bevor wir also mit unserem Waschwasser von außen für Flüssigkeit sorgen, ist der innere Flüssigkeitsmangel zu beachten:
Erst zu trinken geben!
»Durst ist schlimmer als Heimweh«: Haben wir genug getrunken, arbeitet unser Gehirn besser und wird aufnahmefähiger für die Reize, die beim anschließenden Waschen von außen kommen (basale Stimulation). Der durch Trinken belebte Geist ist die Voraussetzung dafür, den Körper wieder als Heimat erfahren zu können.
Genauso, wie uns Wasser bei der äußeren Anwendung erfrischt, uns hilft, wieder einen klaren Gedanken zu fassen, so belebt uns ein frisches Getränk von innen heraus.

Auch hier haben wir wieder eine Verbindung von innen nach außen: der Flüssigkeitsmangel zeigt sich an der Haut. Sie läßt sich in Falten abheben, die sich nicht wie beim Gesunden sofort wieder glätten, sondern stehenbleiben. Außerdem fühlt sich die Haut oft überwärmt an, da wegen des Wassermangels auch die Wärmeregulation gestört ist (Durstfieber).

4.2. *Der zündende Funke: Die Temperatur des Wassers*

Das Wasser ist ein idealer Wärmespeicher und -leiter, mit dessen Hilfe wir dem Organismus Wärme zuführen bzw. entziehen können. Die Wirkung der Wassertemperatur hängt von vielen Faktoren ab (siehe auch Vollbad).
Bei der Körperwaschung sind dies vor allem die Temperaturdifferenz und das Reaktionsvermögen der Hautgefäße. Letzteres ist im Alter, bei verschiedenen Krankheiten und durch die Wirkung bzw. Nebenwirkung von Medikamenten oft eingeschränkt und zeigt paradoxes Verhalten. So stellt sich nach einem Kältereiz keine reaktive Hyperämie (überschießende Mehrdurchblutung der Haut nach Kälteeinwirkung) ein, sondern ein Gefäßspasmus (krampfhafte Enge).
Deshalb lassen sich nur einige allgemeine Regeln für die Wahl der Wassertemperatur geben:

- Bei der täglichen Körperpflege sollte man sich nach den individuellen Wünschen der Patienten richten.
- Kühles Wasser darf nur bei erwärmten Patienten und
- sollte nur im Zusammenhang mit Teilwaschungen angewandt werden (z. B. als Mittel zur Schlafförderung),
- je größer die Temperaturdifferenz beim Waschen ist, um so länger sollte die anschließende Ruhephase sein.

4.3. *Unsere Hände: Wärme und Sinnlichkeit*

Wer das Waschen eines anderen Menschen nicht als einen mechanischen Reinigungsakt sehen will, sondern als eine besondere Form zwischenmenschlicher Kommunikation, der wird Waschlappen, Bürste oder Schwamm als Hilfsmittel nur sparsam und bewußt einsetzen, stellen sie doch eine Barriere dar, die den direkten Hautkontakt verhindern.
Der Verzicht auf den Waschlappen bedeutet den Abbau hemmender Grenzen und ermöglicht ein feinfühliges Wahrnehmen und Eingehen auf die Befindlichkeit des Patienten.

Liebevolle Berührungen gelingen besonders gut, wenn unsere Hände die Haut direkt berühren, wenn Geben und Nehmen nicht auf ein unnötiges Hindernis treffen. Ohne direkten Hautkontakt lassen sich die feinen Empfindungen nicht hervorrufen, die Haut verliert ihre Sensibilität und reagiert nur noch auf immer stärker werdende Reize. Die Schmerzschwelle steigt an, Druckstellen dringen erst ins Bewußtsein, wenn sich größere Wunden gebildet haben.
Wenn die meisten alten Menschen geringe Schmerzempfindlichkeit zeigen, aber bei jeder Bewegung (z. B. beim Umlagern) jammern oder mit Verwirrtheit reagieren, ist dies ein Zeichen von Angst und Unsicherheit und ein Versuch, über die Körpersprache dem Bedürfnis nach Zuwendung und liebevoller Berührung Ausdruck zu verleihen.
Die empfindliche Seele des Menschen zieht sich ins Innere zurück, weil niemand durch Berührung und Ansprache Anlaß gibt, sich vertrauensvoll zu öffnen.
Nur ein- oder zweimal am Tag flüchtig die Hand zu streicheln, ist eben nicht genug. Alte und kranke Menschen haben ein besonders großes Bedürfnis nach Nähe. Immer einsamer zu werden erhöht die Angst, auch den letzten Schritt allein gehen zu müssen.
Unsere Hände stellen bei der Waschung das schönste und sensibelste Hilfsmittel dar, das wir haben. Sie sind die Vermittler unseres Wollens und der feinste Ausdruck unserer Beziehung zum Patienten. Vor allem bei verwirrten Patienten, wenn die verbale Ansprache nicht mehr ausreicht, ist der direkte Hautkontakt (neben dem Geruch) oft der einzige Zugang zum Geist und zur Seele.
Wenn das Tor zur Seele, unsere Haut, offenbleibt, verwirren (verirren!!) sich unsere Gedanken und Gefühle nicht mehr so leicht, da sie den Körper als Heimat erfahren und in die Wirklichkeit zurückkehren können, ohne die Gefahr der Verletzung durch enttäuschte Erwartungen befürchten zu müssen.
Lieblosigkeit, Desinteresse und keine Zeit für den anderen zu haben ist aber nicht nur ein Problem der Alten. Liegt nicht der Keim des Symptoms Verwirrtheit und Demenz schon jetzt in uns versteckt? Können wir in der Pflege oder im Alltag noch umdenken? Ersetzen nicht auch wir Zuwendung und An- oder Aussprache durch Drogen: Psychopharmaka, Alkohol oder Fernsehen?

4.4. *Seifen: Viel Schaum um nichts Gutes?*

Die Wirkung der Seife beruht auf ihrer Fähigkeit, die Oberflächenspannung des Wassers zu reduzieren und die Benetzbarkeit gegenüber der

(fettigen) Haut zu erhöhen, so daß der in dem Fettmantel der Haut gelöste Schmutz besser gelöst werden kann.
Dieser Vorteil der Seifen ist aber zugleich ihr großer Nachteil, da der Säureschutzmantel mit entfernt wird. Deshalb sollte man bei bettlägerigen Patienten, zumal, wenn sie mit Hilfe einer Waschschüssel gewaschen werden, nur seifenfreie Seifen oder synthetische Waschlotionen benutzen.
Die Vorteile synthetischer Waschlotionen sind:
- ausreichende Reinigungskraft auch bei geringer Dosierung,
- keine Verseifung des Waschwassers wie bei normalen Seifen und weitgehend rückstandsfreie Entfernung von der Haut,
- weitgehende Schonung des Säureschutzmantels durch rückfettende Eigenschaften und Anpassung an den ph-Wert der Haut.

Zudem finden sich als Zusätze ätherische Öle und andere natürliche Pflegesubstanzen, die die Regeneration des Säureschutzmantels unterstützen. Wenn möglich, sollte man wenigstens einmal in der Woche ein Ölbad ermöglichen und nach dem Waschen fetthaltige Substanzen einmassieren. Dabei läßt sich alles, was wir über die Bedeutung rhythmischer Berührungen und basaler Stimulation gesagt haben, zum Teil noch intensiver verwirklichen als beim Waschen.

5. *Eine Begegnung besonderer Art — Waschen von Kopf bis Fuß*

5.1. *Vorbereitung des Arbeitsplatzes: Nähe durch kurze Wege*

Eine optimale Vorbereitung des Arbeitsplatzes ist die unabdingbare Voraussetzung dafür, dem Patienten ungeteilte Aufmerksamkeit zu schenken. Nichts ist verletzender, als wenn eine einfühlsam und liebevoll begonnene Pflegebehandlung abrupt unterbrochen werden muß.
Auf einer möglichst großen, nahe dem Bett befindlichen Abstellfläche sollen alle Utensilien bereitstehen. Es ist darauf zu achten, daß der Pflegende sich nicht um mehr als 45 Grad zu drehen braucht, um seine eigene Wirbelsäule zu schonen.
Von großer Bedeutung für die Pflege verwirrter oder desorientierter Patienten ist, daß der Pflegende immer im Gesichtsfeld bleibt.
Der Hautkontakt sollte nach Möglichkeit während des Waschens nicht unterbrochen werden (eine Hand bleibt immer am Patienten). Dies ist besonders wichtig, wenn die optische Wahrnehmung eingeschränkt ist (Sehschwäche/Koma).

5.2. *Vorbereiten des Patienten: Erst überlegen, dann handeln*

Das morgendliche Waschen ist die erste und eine der günstigsten Gelegenheiten im Tagesablauf eines Patienten, um mobilisierende und rehabilitierende Pflegeziele zu erreichen.
Bevor wir mit der Waschung beginnen, fragen wir uns, welche Bedürfnisse bei dem jeweiligen Patienten am heutigen Tag im Vordergrund stehen:
- Sauberkeit?
- eine schlecht durchschlafene Nacht?
- Schmerzen?
- fehlende Zuwendung?
- wie weit kann der Patient sich selber waschen?
- wie stark ist er belastbar?

Die Beantwortung dieser Fragen, nach Möglichkeit in Zusammenarbeit mit dem Patienten, soll über das weitere Vorgehen entscheiden.
Die Lagerung des Patienten:
Die Lagerung soll bequem sein. Dies bedeutet in der Regel, daß das Oberteil des Bettes hochgestellt bleibt bzw. wird. Dies erleichtert in vielen Fällen die Atmung und ermöglicht dem Patienten, die Pflege mit den Augen zu verfolgen.
Die Unsitte, das Bett zu Beginn der Pflege gleich flach zu stellen, zeigt mangelndes Einfühlungsvermögen, zeigt, daß der Patient zu einem Gegenstand herabgewürdigt, für die Waschprozedur zurechtgelegt wird.
Störendes Bettzeug und Lagerungshilfsmittel sollen entfernt werden, ohne den Patienten zu entblößen. Das Nachthemd wird ausgezogen und verbleibt als Zudecke auf dem Patienten liegen, ebenso die gedrittelte Decke.
Das Gefühl, dem Pflegenden nicht hilf- und schamlos ausgeliefert zu sein, ist eine wichtige Grundlage des Vertrauens.
Wenn unter den jeweilig zu waschenden Körperteil ein Handtuch gelegt wird, schützt das einerseits die Bettwäsche und erleichtert andererseits das sofortige Abtrocknen.

Die Aufwärmphase

In vielen Fällen ist es ungünstig, unmittelbar nach dem Wecken mit dem Waschen zu beginnen. Vor allem dann, wenn der Patient selber aktiv werden soll, ist es sinnvoll, mit einer Aufwärmphase zu beginnen.
Um z. B. die Morgensteifigkeit zu überwinden, legt der Pflegende seine warmen Hände auf die großen Gelenke: Schulter, Hüfte und Knie. Dieser Vorgang kann durch leichte, kreisende Massagen gefördert werden.

Anschließend werden, von den kleinen zu den großen Gelenken fortschreitend (Finger – Handgelenk – Ellenbogen – Schulter), passive Bewegungsübungen durchgeführt. Als äußerst hilfreich erweist sich auch die Fußreflexzonenmassage.
Zu Beginn des Waschens sollte man es dem Patienten ermöglichen, seine Hände in der Waschschüssel selber zu baden.
Der Patient ist nun wacher und entspannter, er ist besser orientiert, aktive Bewegung und selbständiges Handeln fallen ihm leichter.
Um sich den aktuellen Bedürfnissen des Patienten anzupassen, kann die Reihenfolge des Waschens abgeändert werden.
Sind z. B. die Füße kalt, ist zuerst ein warmes Fußbad zu geben. Hat der Patient erhöhte Temperatur, führt man nur eine kühle Teilwaschung des Gesichts, der Arme und Beine durch. Soll sich der Patient seinen Oberkörper vor dem Waschbecken sitzend selber waschen, kann man zuvor im Bett die Füße und Beine waschen und dies mit der Aufwärmphase verbinden.

5.3. *Waschen des Gesichtes*

Es sollte keine feste Regel sein, beim Gesicht zu beginnen, da der Mensch sehr sensibel auf Berührungen in diesem Bereich reagiert. Besteht noch kein rechtes Vertrauensverhältnis zu der pflegenden Person, beginnt man mit der Hand und dem Arm. Sichere und harmonische Berührungen in diesem Bereich schaffen dann das nötige Vertrauen für weiteres Tun.
Der Patient sollte (mit Hilfe) sein Gesicht mit dem nassen (Wasser ohne Seifenzusatz) Waschlappen anfeuchten und die Augen, vom äußeren zum inneren Augenwinkel wischend, reinigen.
Die Pflegeperson beginnt nun ohne Waschlappen mit kreisenden, den Konturen des Gesichts angepaßten Bewegungen, eine massierende Waschung. Der Bewegungsablauf folgt einem Kreis, in dessen Mittelpunkt die Augen liegen. Die Aufwärtsbewegung findet immer zur Gesichtsmitte (Nasenwurzel) hin statt, die Abwärtsbewegung läuft in sich ausdehnenden Bahnen zunächst um die Augen herum, dann über die Stirn, Schläfe, Wangen bis in den Nackenbereich hinein (s. Abb. 15).

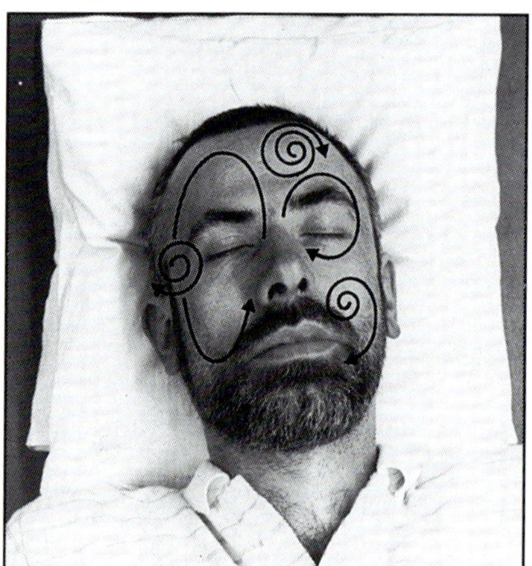

Abb. 15

Im Bereich der Wangen und des Nackens wird der Kontakt mit der ganzen Handfläche als besonders angenehm empfunden.
Bei Kopfschmerzen kann zusätzliches Kreisen an der Schläfe und/oder Stirn erwünscht sein.
Abschließend soll das Gesicht möglichst vom Patienten selbst abgetrocknet bzw. nur leicht abgetupft werden.

5.4. *Waschen der Arme*

Bereits zu Beginn des Waschens sollte der Patient seine Hände in der Waschschüssel gebadet haben. Die Arme waschen wir an der Hand beginnend zunächst an der Innenseite des Armes bis zur Achselhöhle. Wir beachten dabei den Verlauf der Venen und Lymphgefäße, die durch entsprechenden Druck in ihrer Transportfunktion (Ausstreichungen zum Herzen hin) unterstützt werden.
Der kreisförmige Bewegungsablauf wird beendet, indem wir an der Außenseite des Arms zur Hand zurückkehren (s. Abb. 16).
Die entspannende Wirkung der Waschung wird verstärkt, wenn wir mit der bloßen Hand kleine zirkelnde Massagen ausführen, die auf der Arminnenseite zur Achselhöhle hin und über die Schulter auf der Armaußenseite handwärts verlaufen.
Das Abtrocknen erfolgt ebenfalls zuerst an der Innenseite des Arms und eignet sich einerseits zur Ausstreichung, zum anderen läßt sich die arterielle Durchblutung fördern. Die Achselhöhle wird gründlich abgetrocknet. Deo-Sprays schaden der Haut und sollten gemieden werden.
Wer ausreichend zu trinken erhält, riecht nicht schlecht!

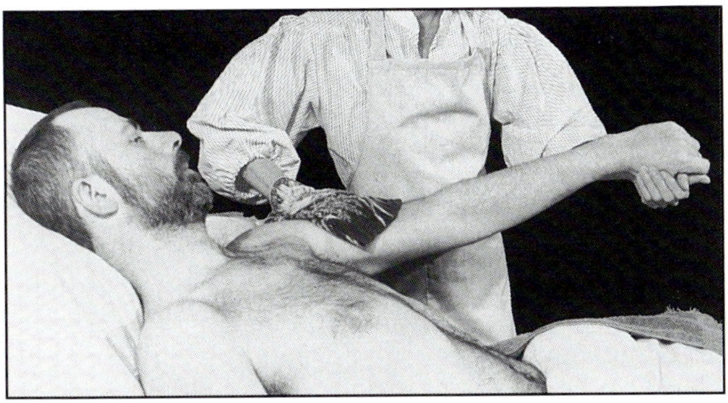

Abb. 16

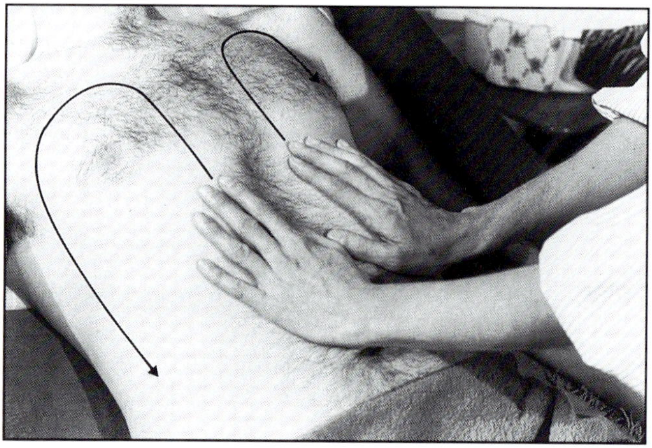

Abb. 17

5.5. *Waschen von Brust und Bauch*

Bei der Brust werden ebenfalls kreisende Bewegungen durchgeführt. Wie im Gesicht, beginnt man in der Mitte mit einer kopfwärts gerichteten Bewegung und geht zu größeren Kreisen über, die bis zum seitlichen Brustkorb reichen (s. Abb. 17).
Bei sehr gestreßten und belasteten Patienten kann man sich auch an der Richtung der Behaarung orientieren, da das Streichen entgegen der Behaarung oft als unangenehm empfunden wird.
Entzündungen und Hautdefekte, die sich besonders oft unter der weiblichen Brust oder den Hautfalten finden, werden gut abgetrocknet (weitere Pflege siehe Seite 23).
Beim Waschen des Bauches unterstützen wir die Transportfunktion des Darmes durch massierendes Waschen in Richtung seines physiologischen Verlaufes (siehe Abb. 11 und 12, Seite 18 und 19).
Der Bauchnabel bedarf (wie die Ohren) im Regelfall keiner besonderen Reinigung, da der mögliche Schaden den Nutzen überwiegt.

5.6. *Waschen des Rückens*

Um den Patienten in die Seitenlage zu bringen, stellen wir das Bett flach und decken ihn zu. Dann rollen wir die Bettdecke zu einer ›Rolle‹ zusammen und legen sie neben den Patienten, um ihn anschließend darauf zu lagern (s. Abb. 18).

Das eigentliche Drehen erfolgt schrittweise (siehe Grundregeln der Kinästhetik Seite 39): Zuerst wird ein Bein angehoben und angewinkelt über das andere hinweg geführt. Anschließend drehen wir das Becken und die Schulter zu uns hin. Am Ende der Drehung liegt der Patient mit seiner Vorderseite auf der zusammengerollten Bettdecke (s. Abb. 19). Auf diese Weise erhält er ein Gefühl der Sicherheit: Die verletzliche, weiche Vorderseite des Körpers (›sich eine Blöße geben‹) ist bedeckt und geschützt, der Patient liegt weich und bequem, zugleich ist er weitgehend vor dem Herausfallen gesichert. Die Lage des Kopfes muß ebenfalls bequem sein und darf die Atmung nicht behindern.
Dem Rücken und dem Gesäß gilt unsere besondere Aufmerksamkeit, da hier häufig Druckgeschwüre entstehen. Während des Waschens inspizieren wir gründlich die Haut und achten auf folgende Veränderungen:
– Rötungen (hellrot, bläulich oder violett)
– Stellen, die auf Druck hin schmerzen
– weiß-blasse Stellen
– Verhärtungen oder Schwellungen
Die besonders gefährdeten Stellen finden sich immer dort, wo unter dünner Haut Knochenvorsprünge liegen: entlang der Wirbelsäule, besonders im Bereich des Kreuzbeins, an den Schulterblättern, am

Abb. 18

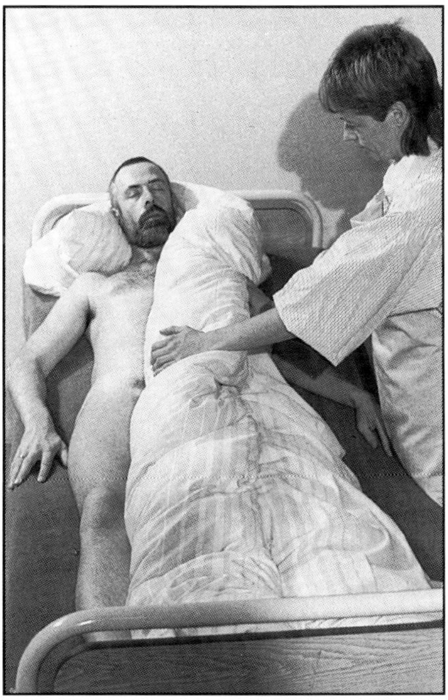

Abb. 19

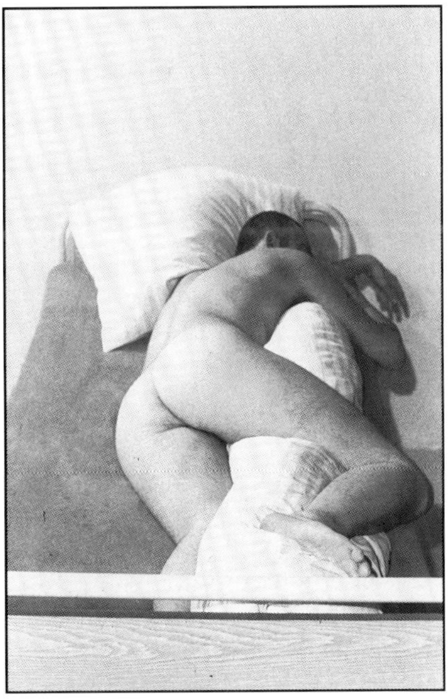

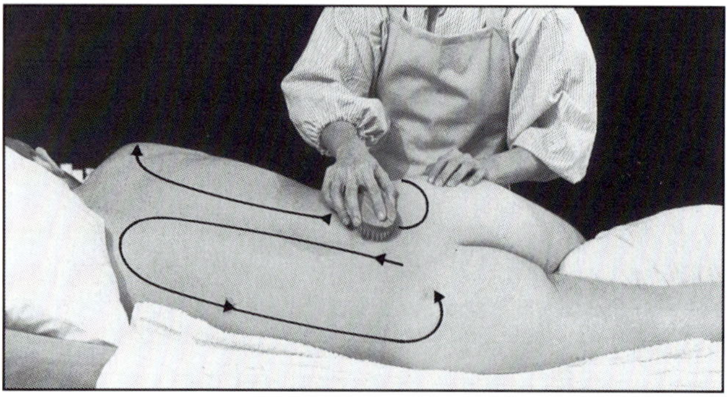

Abb. 20

Hinterhauptschädel und im Bereich des Beckens (Beckenkamm und großer Rollhügel am Oberschenkel).
Lang andauernde Rückenlage belastet das Gesäß und den Rücken so stark, daß die basale Stimulation besondere Bedeutung erhält.
Darum soll das Waschen gerade in diesem Bereich eine intensive Stimulation bezwecken. So waschen wir zuerst mit dem Waschlappen in großen kreisenden Bewegungen: vom Kreuzbein beginnend die Wirbelsäule entlang bis zum Nacken, dann über die Schulter bzw. -blätter an der Seite zum Ausgangspunkt zurück (s. Abb. 20).
Ist der Rücken ausreichend benetzt, führen wir die eben beschriebenen Kreisbewegungen mit beiden Händen zugleich aus (siehe Übung 4 Seite 15).
Durch die Benutzung weicher Bürsten kann dieser Reiz noch intensiviert werden.
Nach dem Abfrottieren empfiehlt sich das Einfetten des Rückens in der gleichen massierenden Technik wie das Waschen.
Franzbranntwein entfettet die Haut und erscheint uns wenig zweckmäßig. Der durch die Verdunstung des Alkohols bewirkte kurze Kältereiz läßt sich ebenso wirksam dadurch erzeugen, daß nach der Bürstung noch eine Waschung mit kühlerem Wasser erfolgt.

5.7. *Waschen der Beine und Füße*

Genau wie die Hände, können auch die Füße in einer Waschschüssel gebadet werden. Die erfrischenden Gefühle, die das Wasser hervorrufen kann, werden stärker, wenn der Pflegende zusätzlich Wasser über das Knie und den angestellten Unterschenkel gießt (s. Abb. 21).
Bei trockener Haut ist die Zugabe ölhaltiger Waschzusätze sinnvoll. Erlaubt der Zustand des Patienten die Beugung im Knie und Hüftgelenk

nicht, werden die Beine nach dem gleichen Prinzip wie die Arme gewaschen. Ebenfalls kann durch Streichungen mit der bloßen Hand in Richtung des Herzens der Rückfluß von venösem Blut und der Abtransport von Lymphe unterstützt werden.

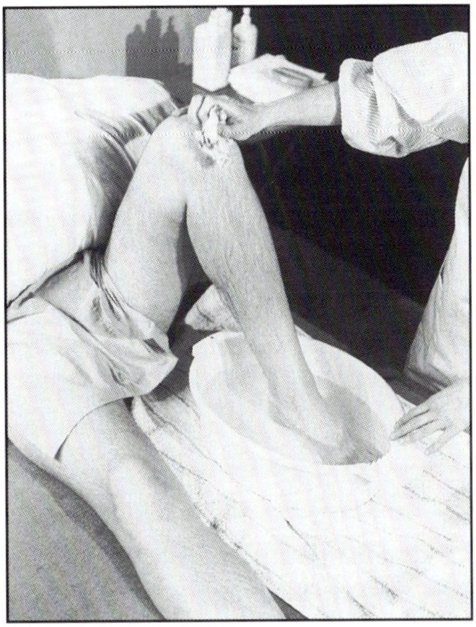

Abb. 21

5.8. *Waschen des Genitalbereiches*

Da das Waschen des Genitalbereiches einen massiven Eingriff in die Intimsphäre darstellt, wollen Häufigkeit und Umfang wohl überdacht sein.
Starker Uringeruch ist nur selten Ausdruck mangelnder Hygiene. Häufiger ist es die unzureichende Flüssigkeitszufuhr, die eine Konzentration des Urins bewirkt. Infolge der geringen Ausscheidungsmengen fehlt ein natürlicher Reinigungsmechanismus der Blase, so daß Blasenentzündungen entstehen. Alle genannten Faktoren begünstigen wiederum das Entstehen einer Inkontinenz, gegen die ‚anzuwaschen' sinnlos ist. Inkontinenz ist kein Grund, die Trinkmenge zu reduzieren, sondern eher einer, sie zu erhöhen.
Verschmutzungen durch Stuhl können zunächst mit Öl oder einem speziellen Pflegeschaum beseitigt werden, bevor die übliche Reinigung erfolgt.
Beim Mann erfolgt die Reinigung des Penis nach Zurückziehen der Vorhaut, wobei wir von der Harnröhrenmündung wegwaschen.
Abschließend ist die Vorhaut wieder vorzustreifen.
Bei der Frau erfolgt die Pflege nach den gleichen Gesichtspunkten: Das Waschen erfolgt von der Symphyse (bzw. Harnröhre) in Richtung Anus (zur Pflege der Leistenbeuge siehe Seite 23).

6. *Me(h)er her: Das Vollbad*

Wenn der Zustand des Patienten es erlaubt, ist ein Voll- oder Teilbad der Waschung im Bett vorzuziehen. Fast alle Reize, die bei der Waschung im Bett von Bedeutung sind, werden hier verstärkt wirksam. Neu hinzu kommen der Auftrieb und der hydrostatische Druck als wesentliche Komponente des Bades.

Der Auftrieb verringert das Körpergewicht um 80 bis 90 Prozent und erleichtert so die aktive Beweglichkeit.

Der hydrostatische Druck resultiert aus dem Gewicht des Wassers. Seine Größe ist von der Eintauchtiefe des Organismus bzw. der Höhe des Wasserspiegels abhängig.

Die Venennetze der Haut werden durch diesen Druck komprimiert, und das darin befindliche Blut wird dem Herzen zum Weitertransport in den Körperkreislauf angeboten. Dies kann u. U. eine erhebliche Belastung für das Herz darstellen.

Obwohl die Wärmewirkung auf die arteriellen Gefäße diesen Effekt teilweise wieder ausgleicht, ist bei kreislauflabilen Patienten (immer nach längerer Bettlägerigkeit) folgende Vorgehensweise geboten:

- Das Bad immer als Teilbad beginnen (Wasserspiegel bis zum Bauchnabel) und erst, nachdem der Patient in der Wanne Platz genommen hat, den Wasserspiegel ansteigen lassen.
- Die ersten Male mit geringeren Temperaturen baden. Bürstungen im Wasser verstärken auch bei milden Wassertemperaturen die Hautreaktion.
- Beim Verlassen des Bades erst das Wasser ablassen und dann aus der Wanne steigen.
- Ein warmes bzw. heißes Bad sollte immer mit einer kalten bzw. kühleren Anwendung (zügiges Duschen oder Waschung je nach Verträglichkeit) beendet werden.

Die Stärke des Kältereizes hängt von der Temperaturdifferenz zum Badewasser und der Größe der benetzten Hautoberfläche ab und kann entsprechend angepaßt werden.

Der Sinn dieser Maßnahme liegt in der Entlastung des Kreislaufes, dem Schutz vor starker Auskühlung (denn die infolge der Wärme gut durchblutete Haut gibt viel Wärme ab) und dient dem Gefäßtraining.

Vorgehen: nachdem das Wasser abgelaufen ist, wird zunächst der linke Arm an der Innenseite von der Hand bis zur Achselhöhle aufsteigend mit kaltem Wasser benetzt, unter Einschluß der Schulter folgt die Außenseite des Arms absteigend bis zur Hand zurück. Dann den rechten Arm in gleicher Reihenfolge.

Es folgen Gesicht, Hals und Nacken. Linkes und rechtes Bein werden in der gleichen Art und Weise wie die Arme benetzt. Abschließend Brust und Bauch bzw. Rücken in der beim Waschen beschriebenen Technik abkühlen.

– Nach dem Bad schnell abtrocknen und dem Patienten unbedingt eine Ruhepause von 1 bis 2 Stunden ermöglichen.

Ein heißes Bad erschwert das Einschlafen, ein kühleres Bad (wenn der Patient selbst nicht friert!) fördert das Einschlafen.

Weitere Vorteile des Vollbades ergeben sich aus der Möglichkeit, verschiedene Badezusätze zu verabreichen. Ätherische Öle sprechen den Geruchssinn an, stimulieren Atmung und Orientierung.

6.1. *Das Ein- und Aussteigen aus der Wanne: Bewegen lassen, was noch zu bewegen ist.**)

Das Ein- und Aussteigen aus der Badewanne verlangt für jeden Patienten eine individuelle, kreative Vorgehensweise. Diese kann an Hand folgender Grundregeln der Kinästhetik (Bewegungslehre) entwickelt werden.

Als erstes ist es wichtig, sich vor Augen zu führen, daß die Gesamtmasse des Körpers nicht immer mit einem Male bewegt werden muß. Die einzelnen Teile der Körpermasse sind gelenkig miteinander verbunden und können einzeln und nacheinander bewegt werden (s. Abb. 22).

Die verschiedenen Abschnitte eines Bewegungsablaufes werden von dem Erreichen der jeweiligen stabilen Postitionen wie Liegen, Knien, Sitzen und Stehen bestimmt.

Die zweite wichtige Idee der Kinästhetik ist die, daß die Bewegung der Körpermasse insgesamt spiralförmig verläuft, wobei sich die Bewegungsrichtung nach Erreichen der jeweiligen stabilen Position ändert.

Abb. 22

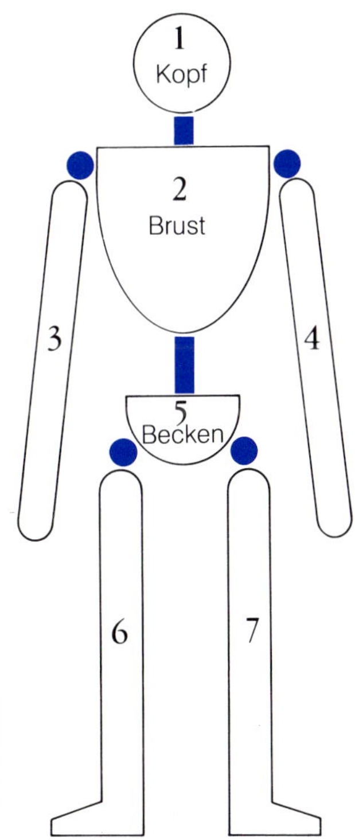

1 – 7 = Massen
blau = bewegliche Zwischenräume

---

*) Unter freundlicher Mitwirkung von Dr. L. Maietta und Dr. Fr. Hatch, USA

Für den Helfer ist es wichtig, dem Patienten genau die jeweils als nächstes zu erreichende stabile Position anzugeben und die zu bewegende Körpermasse in die angestrebte Richtung zu führen und sich selbst in die gleiche Richtung mitzubewegen.

Beispiel: Aussteigen bei rechtsseitiger Lähmung

1. In der Badewanne halb liegend (gelähmte Seite zur Wand)

Das Verlassen der Badewanne wird eingeleitet, indem die linke Hand das rechte (gelähmte) Bein über den Wannenrand hebt (s. Abb. 23). Die so eingeleitete spiralförmige Bewegung wird am Oberkörper fortgesetzt, indem die linke Schulter sich nach hinten dreht und der linke Arm zum Wannenrand greift und den Körper abstützt. Die Masse des Oberkörpers wird um die bewegliche Lendenwirbelsäule weiter im Verlauf der Spirale gedreht.
Die erreichte Position ist nun: rechtes Bein über den Wannenrand hängend, Oberkörper durch den linken Arm gestützt (s. Abb. 24).

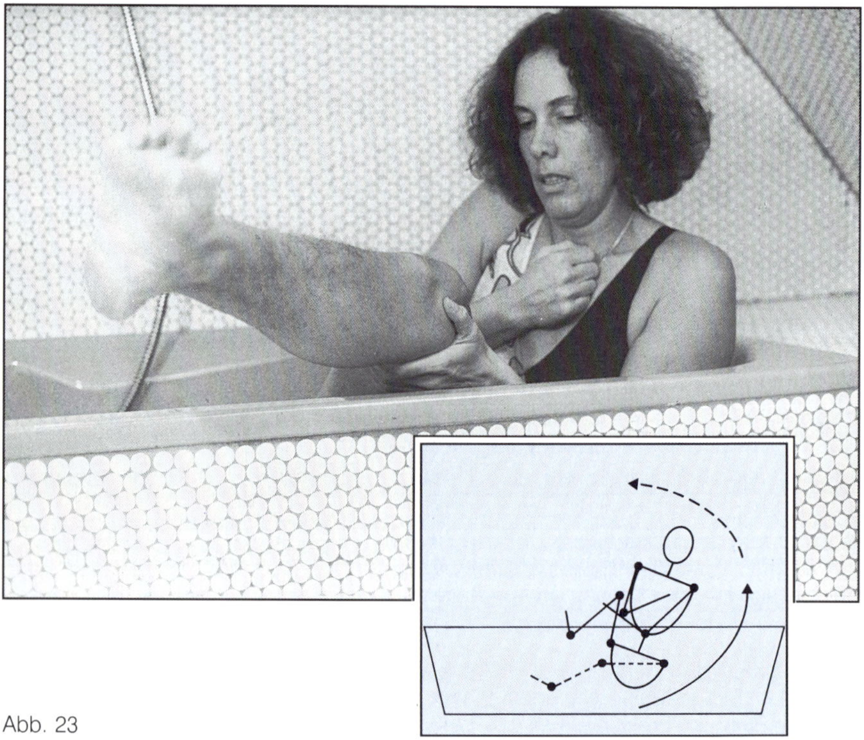

Abb. 23

2. Übergang in den halben Kniestand

Die Masse des Beckens wird weiter in die durch den Oberkörper vorgegebene Richtung bewegt, das linke Bein im Knie- und Hüftgelenk gebeugt. Der Oberkörper wird mit Hilfe des aufgestützten linken Armes weiter über den Wannenrand gebracht. Gleichzeitig dreht sich das Becken mit und ermöglicht den halben Kniestand mit dem linken Bein in der Wanne (s. Abb. 25).

3. Übergang zum Sitzen

A. Der Oberkörper wird durch körpernahes Abstützen mit der linken Hand auf dem Wannenrand aufgerichtet. Das gelähmte rechte Bein sinkt dabei vom Wannenrand auf den Boden herab und stabilisiert die Sitzposition (Reitersitz auf dem Wannenrand, s. Abb. 26).

B. Nun wird das linke Bein aus der Wanne herausgehoben, über den Wannenrand geführt und auf dem Boden abgestellt. Die gleichzeitige Drehung des Beckens bringt den Körper in die endgültige Sitzposition. Von Sitzen kann leicht in den Stand bzw. in den Rollstuhl übergewechselt werden (s. Abb. 27).

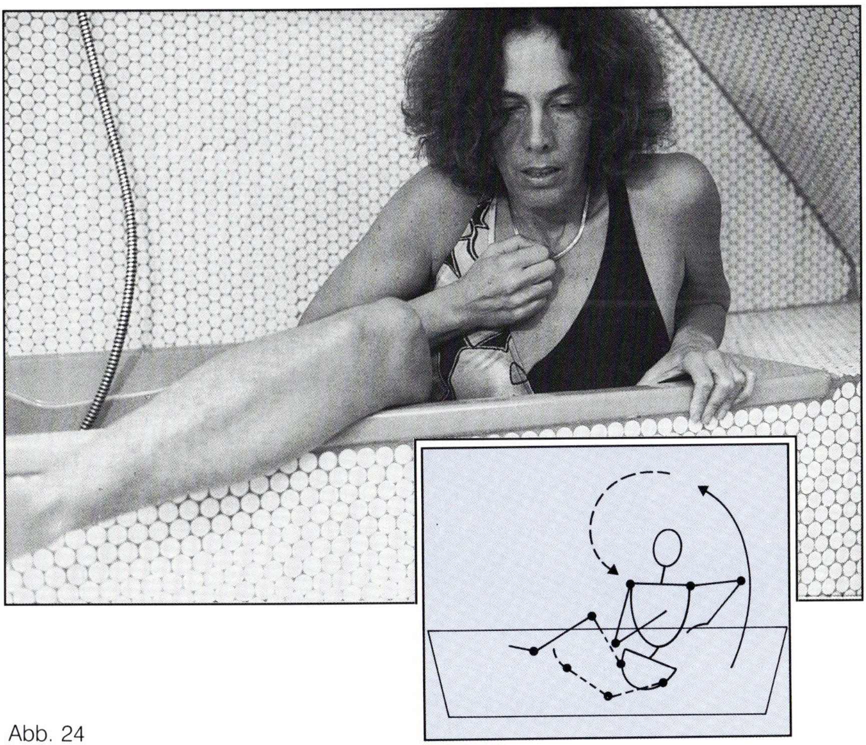

Abb. 24

4. Wo soll der Helfer unterstützen?

Weil der Helfer für jeden Patienten eine individuelle Lösung finden soll, muß er durch die folgenden Übungen diese selbst herausfinden:

Übung 7:

Setzen Sie sich in eine Badewanne und versuchen Sie, nach der angegebenen Beschreibung auszusteigen.
Machen Sie sich jede einzelne Phase des schrittweisen Bewegungsablaufes bewußt. Am Ende eines jeden Bewegungsabschnittes machen Sie eine längere Pause und spüren nach, welche Körpermasse Sie bewegt haben. Haben Sie herausgefunden, wie die einzelnen Körpermassen nacheinander von unten nach oben (von den Füßen zum Kopf) bewegt wurden?

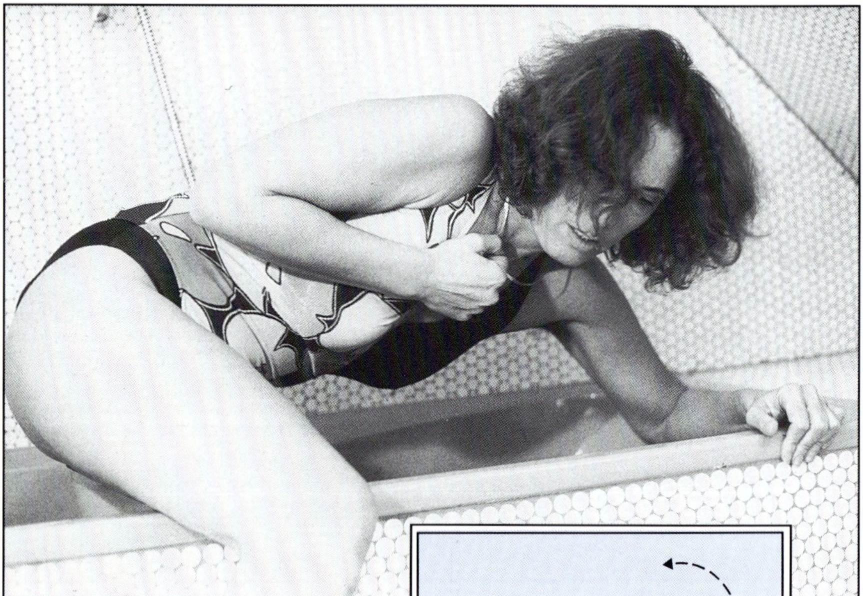

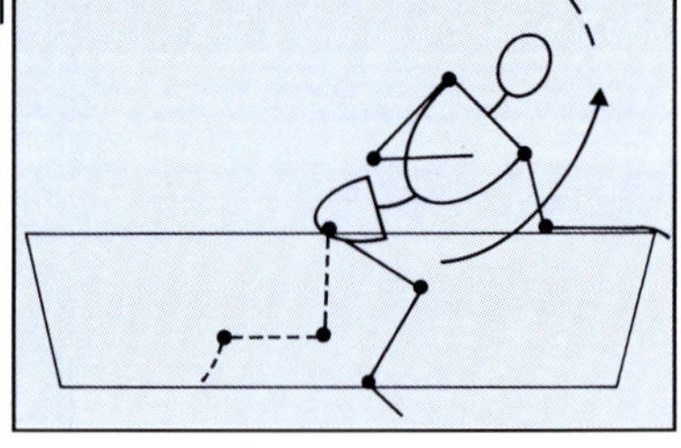

Abb. 25

Übung 8:

Steigen Sie nun in die Wanne ein, indem Sie in der umgekehrten Reihenfolge vorgehen. Die einzelnen Körpermassen müssen jetzt von oben nach unten bewegt werden.

Übung 9:

Wiederholen Sie die Übungen mit einem Partner, der das Erreichen der jeweiligen Position durch Führen der zu bewegenden Körpermasse in die jeweilige Bewegungsrichtung unterstützt (s. Abb. 28). Dadurch wird die noch vorhandene Beweglichkeit in den gelenkigen Anteilen nicht noch weiter eingeschränkt.

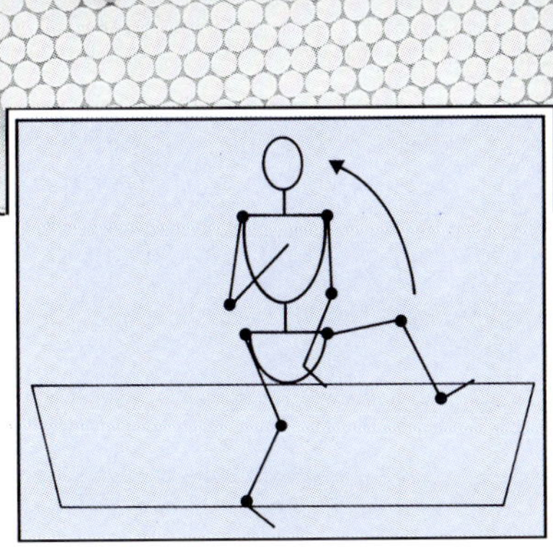

Abb. 26

Abb. 27

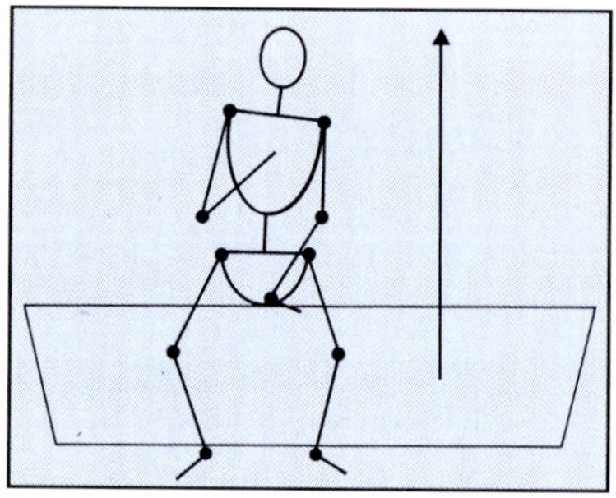

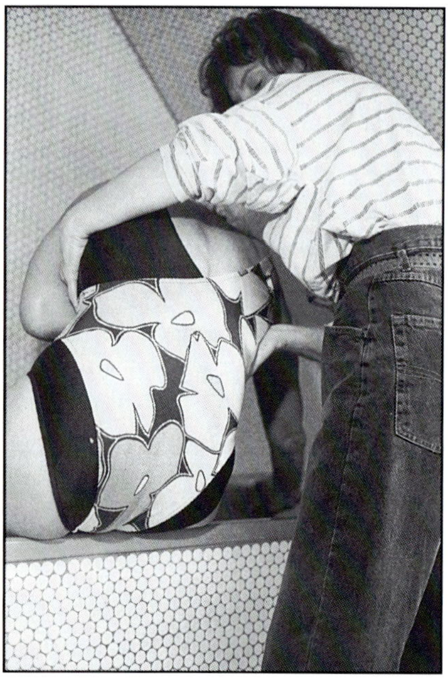

Abb. 28

7. *Der Schluß ist noch nicht das Ende*

Das Nachdenken über die Möglichkeiten, aus dem Waschen eines Patienten eine kraftspendende, zwischenmenschliche Begegnung werden zu lassen, ist lange noch nicht erschöpft.
Wer für den von uns aufgezeigten Weg zugänglich ist, der wird für jeden Patienten eine andere, individuelle Lösung finden. Er wird neue Erfahrungen machen und in der Lage sein, weitere Pflegeziele in das Waschen zu integrieren.
Wir haben aufgezeigt, warum das Waschen nicht als Routine im Alltag (der Krankenhäuser und Pflegeeinrichtungen) untergehen darf. Wer Pflegen ernst nimmt, der soll ermutigt werden, sich weiterhin diese Zeit für den Patienten zu nehmen, er soll mit gutem Gewissen das Waschen anderen ›weniger wichtigen Tätigkeiten‹ vorziehen können.
Wem die Zuwendung an pflegebedürftige Menschen ein echtes Anliegen ist, der wird die Zeit des Waschens mit dem Patienten bewußt verbringen. Er wird Pflegen als »Kunsthandwerk« verstehen:

- Die Kunst liegt darin, die Bedürfnisse des Menschen zu erkennen;
- das Handwerk besteht in dem differenzierten Gebrauch unserer Hände.

Die Hände sind unser äußeres Gehirn, durch sie hindurch geben wir unseren Gefühlen und Einstellungen Ausdruck, durch unsere Hände nimmt unser Wollen Bewegung an. Die Berührungen, die wir anderen vermitteln, fließen zu uns selbst zurück, Zufriedenheit schafft Zufriedenheit.

Der Brunnen

Der Krug geht so lange zum Brunnen, bis er bricht.
Alles Wasser fließt über den Boden, darin bricht sich das Licht.

In die Tiefe des Brunnens muß jeder fallen.
Ohne den Krug herabzulassen, kann man ihn nicht nach oben ziehen.

Oben angekommen, ist die Mühe zu Nichts zerronnen;
Erfrischt und glücklich wird Neues begonnen.

INGRID ZIMMERMANN

ANHANG

Kontrollfragen zur Pflegeplanung

Folgende Fragen dienen dazu, die Pflege eines Patienten individuell zu planen, um die mit der Waschung verbundenen Pflegeziele erreichen zu können. Diese gedankliche Vorbereitung ist für die ungeteilte Zuwendung genauso wichtig wie die vollständige Vorbereitung der benötigten Materialien. Für jeden Patienten sind diese Fragen unter Umständen täglich neu zu beantworten.

1. Ist der Zeitpunkt des Waschens angebracht?
   Hat der Patient ausgeschlafen, wann will er schlafen?

2. Warum soll der Patient gewaschen werden?
   Soll er mobilisiert werden, wie stark ist er belastbar?
   Soll Schmerzlinderung und Entspannung oder Anregung vermittelt werden?
   Ist er schweißgebadet (Fieber/Alptraum)?
   Steht die Sauberkeit im Vordergrund?

3. Ist vor dem eigentlichen Waschen eine Aufwärmphase angebracht?
   Leidet der Patient unter Morgensteifigkeit?
   Fühlt sich der Patient warm an oder friert er?
   Ist er wach, orientiert oder desorientiert?

4. In welcher Reihenfolge soll er gewaschen werden?
   Kann er an das Waschbecken oder in die Badewanne?
   Soll eine Teil- oder Ganzkörperwaschung vorgenommen werden?
   Wie soll die Wasertemperatur sein?

5. Wie ist die Hautbeschaffenheit?
   Ist die Haut fettig und verträgt normale Toilettenseife?
   Ist die Haut trocken und braucht rückfettende/ölhaltige Waschsubstanzen?
   Muß die Haut zusätzlich eingecremt werden?
   Hat er empfindliche Haut und verträgt keine/nur eine weiche Bürstung?
   Hat der Patient entzündliche Hautveränderungen?

6. Sind alle notwendigen Gegenstände vorhanden?